BIBLIOTHÈQUE ARNAULD DE VRESSE
à **1** fr. le volume

Hors de France, 1 fr. 25 cent. le volume

L'AME
TRANSMISE

PAR MÉRY

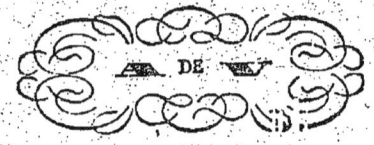

PARIS
ARNAULD DE VRESSE, ÉDITEUR
55, RUE DE RIVOLI, 55

L'AME
TRANSMISE

CLICHY. — IMPRIMERIE DE MAURICE LOIGNON ET Cie
Rue du Bac-d'Asnières, 12.

L'AME

TRANSMISE

PAR

MÉRY

PARIS
ARNAULD DE VRESSE, LIBRAIRE ÉDITEUR
RUE DE RIVOLI, 55
—
1867

UN JOUR DE NOCES.

Peu de voyageurs ont visité la maison de Solimène.

Elle était bâtie sur le sommet d'une petite montagne, dans la chaîne du Vésuve. Un vaste bois de pins l'entourait ; la façade seule était à découvert. On jouissait là d'un point de vue magnifique : en face le volcan, la mer au bas, Naples au fond du golfe.

Cette maison, ou pour mieux dire ce château, avait une physionomie originale ; l'architecture en était lourde, massive, sans grâce, sans ornement. C'était sans doute une imitation, une réminiscence d'un de ces manoirs féodaux qui abondaient en France. Une tour carrée, à belvéder, dominait l'édifice. On l'apercevait de loin, mêlée aux cimes des pins arrondis en parasol.

Il n'y a que des ruines aujourd'hui sur ce sommet ; quelques chevriers s'y arrêtent, ou des artistes voyageurs qui cherchent des sites à peindre. Vers la fin du dix-septième siècle, Solimène y avait établi son observatoire et son atelier. A cette époque, ce château était presque entièrement dévasté et à peu près inhabitable.

Le 10 mai 1646, de longs cris de fête couraient autour de ce château, jaillissaient de toutes ces croisées ouvertes, éclataient dans le bois avec les mystérieuses symphonies des pins, avec les roulades lascives des vagues qui s'éteignaient sur les récifs d'Ischia. On avait épuisé les fleurs des rosiers et des orangers pour faire serpenter des arabesques rouges et blanches de la base au sommet du château. Mille banderoles flottaient sur les corniches; le drapeau castillan, hissé sur la grande porte, laissait frissonner au vent son lion et sa tour; la volupté courait dans l'air avec la poussière lumineuse et transparente du midi, avec les parfums du thym, de l'algue marine, de la mer amoureuse; avec les sons stridents des mandolines, avec les chants des filles napolitaines, qui dansaient la *tarentelle* sur les feuilles sèches et glissantes des pins. L'entraînement du plaisir ébranlait cette radieuse colline, tant dorée par le soleil, tant caressée par les vagues.

L'objet de la fête était un excitant pour les jeunes gens et les jeunes femmes : on venait de bénir le mariage de Stellina, vierge de quinze ans, fille du comte espagnol Las Vegas, le maître du château. Elle épousait son cousin germain, Léontio, fils du duc d'Ottayano, jeune homme de dix-huit ans, amoureux comme un écolier, dont un nom seul de femme brûle les joues, brun et fort comme un marin d'Ischia, passionné comme un artiste.

Les dames et les jeunes seigneurs espagnols et napolitains se plaisaient à regarder ces deux enfants époux qui se promenaient dans une allée solitaire, en donnant fort peu d'attention aux jeux et à la fête splendide dont ils étaient les héros. Léontio ne voyait que sa jeune femme, celle qu'il avait tant aimée, tant désirée depuis ce jour où elle ne lui parut plus une sœur, où elle se révéla dans tous ses attraits de jeune fille, où elle remplit le château, la colline, les bois de sa grâce de vierge, de son atmosphère d'amour et d'angélique volupté. Léontio la tenait légèrement par la main, puis il la laissait marcher devant lui, et ses lèvres frissonnaient ; un feu brûlait sa langue ; le sang lui tintait au cœur, quand il la caressait ainsi de ses regards, cette embaumée création, cette ange si fraîche, si suave, si femme, celle qu'on avait surnommée la belle blonde aux yeux noirs. Quelquefois, en la voyant silencieuse, immobile, rêveuse, il tressaillait comme de peur ; car il lui semblait que Stellina n'était pas une réalité de femme, qu'elle allait lui échapper comme une apparition des bois ou une idée d'artiste, matérialisée un instant. Ce qui lui donnait cette folle erreur, c'était le costume qu'avait revêtu la jeune épouse ; c'était la figure nouvelle, le corps nouveau que ce costume lui donnait ce jour-là. Par un délicieux caprice, elle avait combiné les parures nuptiales de Séville et de Naples ; sa robe blanche, à long corsage, à pointe de velours noir, était comme la traduction fidèle des plus gracieuses formes que Dieu ait inventées pour composer la femme. Les fleurs de l'oranger semaient leurs étoiles blanches dans les boucles de sa belle chevelure ; son cou nu, d'une pureté pleine de vie et de fraîcheur, laissait deviner à l'amoureux jeune homme toute la somme de plaisir que la nature avait mise dans ce corps de vierge enfantine. A cet instant même où cette femme était enfin à lui, où il se complaisait à laisser tomber de sa bouche, en les savourant avec lenteur, ces deux mots : *Ma femme*, eh bien ! il était craintif et retenu comme un amant, au jour de sa déclaration ; il était effrayé de son pouvoir nouveau sur elle, et quand il pensait qu'avec un signe d'époux, et dans un écart de promenade dans l'obscurité du bois, il pouvait s'initier dans tous les pudiques mystères de sa femme, alors le sang lui manquait aux genoux, son cœur se gonflait, une rosée amère desséchait sa langue ; si fort et si jeune, il se sentait écrasé par un bonheur aussi pesant que l'infortune. Il s'applaudissait du répit que lui donnait une journée de printemps, toujours si longue avant le tomber de la nuit. Son espoir était de se préparer par un noviciat de quelques heures à cette immense révélation de volupté, à ce tête-à-tête nuptial, dont la seule pensée étreignait sa gorge comme un collier de fer.

Stellina regardait son époux avec un air significatif de résignation douce ; mais Léontio ne comprenait pas : il vivait dans un monde nouveau, il avait des larmes aux yeux, des frissons partout ; il commençait des mots dont la fin s'évaporait dans sa bouche en des roucoulements sourds. Toujours marchant, silencieux tous deux, ils étaient arrivés sur une pointe de rochers où était bâti un délicieux pavillon de repos, qui commandait la haute mer. C'était une rotonde à colonnade étouffée par des masses de chênes, de myrtes, de tamarins : il y faisait très-sombre, car la verdure était haute et fort épaisse ; une eau mélancolique tombait d'un griffon de marbre dans un bassin couvert de larges feuilles stagnantes de nénuphar. C'était le seul bruit qu'on y entendît, et il donnait à rêver. Dans la salle du pavillon, le grand peintre l'Espagnolet, par un caprice d'été, avait peint des fresques lascives et de libertines arabesques, comme un artiste les voit en rêve, quand il s'est endormi avec un désir.

Alors une voix s'éleva, musicale et veloutée, qui fit tressaillir Léontio, comme s'il ne l'eût jamais entendue !

— Ah ! mon ami, n'entrons pas ; c'est le pavillon interdit aux dames !

— Oh ! ma femme, aujourd'hui tout t'est permis, à toi. Viens, reposons-nous ; le château est bien éloigné :

entends comme les voix de nos amis nous arrivent à peine. On a respecté le mystère de notre promenade. Viens, Stellina; viens, ma femme : nous sommes... seuls...

Ce dernier mot fit pâlir la jeune épouse. Léontio le répéta tout bas.

Il s'assit, entraînant mollement sa femme sur ses genoux.

— Laisse-moi t'embrasser, lui dit-il avec une voix étouffée ; c'est la première fois que je goûte les lèvres d'une femme. Oh! que j'en ai soif!

Stellina poussa un cri effrayant et courut se cacher derrière une colonne. Léontio se leva, mit l'épée à la main et cria d'une voix de tonnerre :

— Que venez-vous faire ici, vous?

Cette brusque interpellation s'adressait à un moine qui s'était encadré dans un arceau d'entrée et qui regardait froidement les deux époux.

— Excusez-moi, mon frère, dit le moine : j'allais me retirer quand j'ai vu qu'il y avait indiscrétion ; mais madame m'a tout de suite aperçu. Je fais la quête dans la campagne et je m'arrête toujours un instant ici pour me désaltérer à la fontaine. Mon couvent est à l'Annunciada; on peut en voir le clocher d'ici. Jeune homme, vous êtes bien prompt à la colère; que Dieu vous garde de malheur le jour de votre mariage!

— C'est singulier, dit Léontio en souriant, comment savez-vous, mon père, que je me marie aujourd'hui, vous qui n'êtes pas de ce monde?

— Je ne suis pas de ce monde, évangéliquement parlant, mais je suis de la Campagne de Naples, et votre mariage avec madame a fait tant de bruit, du Vésuve à la Chartreuse, qu'il en est arrivé quelque chose au jardin de notre couvent.

— Eh bien! dit Stellina, priez Dieu et saint François pour nous! Léontio, donnez quelques ducats au frère quêteur.

— Nous n'acceptons jamais de l'argent dans nos quêtes, ma jeune dame; ma besace est vide aujourd'hui, comme vous voyez; mais je comptais bien la remplir avec quelques miettes de votre festin de noces; j'allais au château dans cette intention : la table du bon riche n'est pas fermée au pauvre Lazare!

— Nous vous accompagnerons, dit vivement Stellina; il se fait tard, on est peut-être inquiet au château.

— Ma compagnie vous sera peut-être importune, dit le moine en baissant les yeux.

— Elle nous portera bonheur, mon père!

Et ils quittèrent tous trois le pavillon, Léontio triste et muet, Stellina gaie et légère, le moine avec un air indifférent à tout, comme un stoïcien qui a pris l'insouciance par métier.

C'était un homme de quarante ans environ, d'une figure fraîche et sereine; il eût été bien difficile de trouver dans un pli de sa joue, dans une intention de ses regards, la moindre trace d'une passion; c'était la béatitude faite homme. Sa voix était douce et claire comme la voix d'une femme; l'étrangeté de ce timbre avait frappé Léontio et Stellina, Stellina surtout, car Léontio avait entendu les chœurs féminins d'hommes dans la chapelle Sixtine, et il pouvait s'expliquer naturellement la bizarre voix de ce religieux.

En sortant du pavillon, le moine ramassa une épingle d'or tombée des cheveux de Stellina et la lui rendit gracieusement; la jeune épouse rougit.

Ils arrivèrent au château presque à la nuit. Le seigneur Ottayano était allé au-devant de son fils et de sa belle-fille pour leur annoncer que Salvator Rosa venait de terminer leurs portraits, et qu'on avait inauguré les deux tableaux dans leur chambre nuptiale.

— Oh ! je vais voir le portrait de ma femme ! s'ecria Léontio. Mon père, gardez-moi Stellina.

Le moine s'inclina profondément devant le duc.

— Il nous a accompagnés depuis... là-bas, ce bon religieux ! dit Stellina.

Ottayano regarda fixement le moine, qui se laissa regarder avec sa bonhomie ordinaire.

— Que venez-vous chercher ici, mon père ? lui demanda le duc.

Le moine fit un signe de quêteur, en montrant sa besace.

— Est-ce que vous êtes muet, mon père ?

— Non, non, répondit le religieux à voix basse et avec un sourire charmant.

— Quel est votre nom parmi les saints ?

— Spiridione.

— Et parmi les hommes ?

— Dieu le sait.

— Comment ! vous ignorez votre nom ?

— Je l'ai oublié.

Toutes ces réponses du moine étaient faites à demi-voix, d'un air modeste, les yeux tantôt levés au ciel, tantôt fermés. Ottayano continua cette espèce d'interrogatoire.

— Me tromperais-je ! mon père, je crois vous avoir vu passer tout près du château il y a trois heures environ ; vous suiviez l'allée de pins qui mène à Torre di Grecco.

— C'était moi-même ! je venais de voir l'économe de la chartreuse Saint-Martin, j'avais pris au retour ce chemin, comme le moins long.

— Votre figure ne m'est pas inconnue, mon père ; avez-vous vécu dans le monde ?

— Jamais.

— Avez-vous des parents ?

— Aucun.

— Vous seriez donc ?..
— Oui, seigneur.
— Ce n'est pas un crime.
— C'est un bonheur. Je suis tout à Dieu !

Ottayano s'arrêta, comme maîtrisé par une pensée de triste souvenir ; il regardait la terre, jouait du bout de sa bottine avec les feuilles tombées, et détachait, d'un doigt distrait, l'écorce écailleuse d'un pin.

— Si vous le permettez, seigneur, dit Spiridione, j'irai me reposer dans vos écuries ; il est fort tard ; je ne me remettrai en route que demain. Je me confie à la charité de vos valets pour remplir ma besace.

— Oui, oui, dit le duc, toujours préoccupé ; je leur donnerai mes ordres, je leur prescrirai d'être charitables... Mais est-ce que vous pouvez vous absenter la nuit, mon père ?

— Il y a force majeure ; d'ailleurs j'ai l'autorisation de mes supérieurs. Quand je suis en quête, je passe souvent la nuit hors du couvent, en été surtout.

— Craignez-vous les bandits ?

Spiridione fit un léger sourire.

— Les bandits ! Oh ! ils n'attaquent point les ordres mendiants ; ce serait une triste curée pour eux que ma besace ; je crains les précipices, ma vue est fort basse ; la nuit, je n'y vois pas du tout, et le chemin d'ici au village de l'Annunciada est fort mauvais ; il est pire encore du village au couvent, surtout depuis la dernière éruption. Au reste, si ma présence vous gêne, j'irai demander retraite au couvent des Camaldules...

— Oh ! mon père, dit vivement Stellina, comment pouvez-vous penser cela ? Le jour de mon mariage, nous refuserions l'hospitalité à un religieux ! Mais ce serait un crime devant Dieu et les hommes ! Il y a place au château pour tous les fils de saint François ; ils seront toujours les bienvenus, de nuit ou de jour.

Venez, venez avec nous, mon père Spiridione, venez; voulez-vous prendre mon bras?

Spiridione fit un signe pudique de refus, comme s'il se fût alarmé à l'idée seule de se mettre en contact avec une étoffe de femme.

— Madame, dit-il, j'aurai l'honneur de vous suivre comme un valet indigne.

Ottayano, Stellina et le moine sortirent du bois de pins et traversèrent l'esplanade du château, tout encombrée d'une foule joyeuse qui salua d'un long murmure d'admiration la jeune épouse, que son père soucieux tenait par la main.

L'ardent Léontio était encore dans la chambre nuptiale; il y était seul, il n'avait pas permis à son meilleur ami de l'y accompagner, de peur qu'un souffle profane ne se glissât dans cette virginale atmosphère, dans cette alcôve sainte où rayonnait le lit de Stellina. Que de fois l'amoureux jeune homme croisa dévotement ses mains, comme pour une prière mentale, devant le magnifique portrait de sa femme, ce chef-d'œuvre du peintre napolitain! Qu'il avait bien compris cette vierge d'exception, le grand artiste! Ce n'était ni une belle femme, ni une jolie femme que son pinceau avait reproduite, c'était l'idéalisation de l'ange, avec les formes de la vierge; une de ces figures qui ne rappellent aucun besoin, aucune infirmité, aucune misère de notre triste nature. Cette jeune femme peinte n'était pas née de la femme, elle s'était sans doute révélée au monde, une nuit de printemps, comme une émanation parfumée; elle vivait de la vie des fleurs ou des anges. Sous cette chair lumineuse, dorée, transparente, le squelette humain ne se faisait point sentir; l'enivrement d'une exquise volupté vous saisissait devant cette toile, et quand on la regardait réfléchie dans la grande glace de la chambre, alors, par un jeu singulier d'optique, cette délicieuse figure semblait vivre dans un lointain vaporeux, ces grands yeux noirs étincelaient sous un front pur, sous une chevelure ruisselante d'or; alors l'animation de ce portrait était si complète qu'on se serait pris pour lui d'un amour véritable, d'une passion folle, qu'aucune femme n'aurait pu contenter. Une nuit passée devant ce portrait eût paru le bonheur suprême à quelques-uns de ces jeunes et passionnés Italiens qui ne vivaient que pour les arts et pour les femmes. C'était à s'épuiser d'amour, à se suicider par des excès d'illusions ; c'était à se ruer sur cette toile divine, jusqu'à ce que la couleur eût disparu dans une nuit de baisers délirants, de folles extases ! Oh ! que je suis heureux, s'écria Léontio exalté, ma femme est encore plus belle que cela, et voilà le chevet où elle se réveillera demain !

Il sortit, les joues en feu, pour recevoir Stellina. Dans son ivresse, il n'avait pas daigné jeter un seul coup d'œil au portrait qui servait de pendant à celui de sa femme, au sien ; c'était encore un admirable ouvrage. Soit modestie, soit oubli, ces deux tableaux n'étaient pas signés du peintre. Sur un angle, au bas, on lisait : *Stellina* et *Léontio*, 10 mai 1646.

Il y avait foule sur l'esplanade du château, quand Léontio y descendit ; il découvrit bientôt Stellina, car elle semblait luire, avec son auréole de cheveux et de chair rose, dans une constellation des plus jolies femmes napolitaines, l'élite de cette cour voluptueuse d'Espagnols qui avaient transporté dans la *Villa-Réale* les amoureuses traditions de Séville, de Grenade, de Valladolid. La nuit était tombée ; mais les cent croisées ouvertes du château versaient des rayons de lumière sur la terrasse, et cette clarté plaisait mieux aux femmes que celle du jour ; elles passaient avec une gracieuse nonchalance devant les groupes de jeunes seigneurs, en s'abandonnant à leur admiration ;

elles marchaient en tournoyant comme une ronde fantastique, appuyant à peine leurs pieds d'enfant sur le pavé de marbre, la tête penchée sur une épaule, avec des ondulations de corps si douces à l'œil, qu'on les ressentait électriquement, comme si on les avait toutes étreintes à la fois. Un murmure musical de voix italiennes s'élevait de cette foule qui ne parlait qu'amour, ne rêvait que plaisir, ne respirait que séduction. Les grands pins qui couronnaient le château, ouvrant à la brise du golfe leurs feuillages d'aiguilles vertes, formaient comme un orchestre aérien de suave et mystérieuse harmonie; des chansons d'amour sortaient de toutes les allées, où la nuit et les arbres couvraient tant de secrètes extases, tant de groupes égarés. Au bas de la colline la mer semblait rouler des étoiles en fusion; la ville et le port échangeaient leurs clartés vagabondes; le vent s'endormait sur le Pausilippe, ce vase immense de parfums, et à son réveil il secouait partout ses richesses embaumées, comme un navire arrivé de Manille ou de Ceylan. A cette fête napolitaine, le Vésuve s'était chargé de feux d'artifice; le volcan, comme un officieux voisin, rapetissait sa formidable voix et simulait une éruption avec une fumée diaphane, une esquisse de laves, une profusion d'innocentes flammes du Bengale qui, par une clarté soudaine, trahissaient toutes les choses secrètes accomplies dans les pins sur la foi de l'obscurité; car, en ces jours de corruption, en ces climats de fièvre amoureuse, sur cette terre des antiques bacchanales, c'était encore comme aux veillées des fêtes de Vénus : un immense cri d'amour, un irrésistible besoin de volupté, courait dans la foule des adorateurs, tout autour du temple de la déesse, et l'hymen se voilait les yeux d'un bandeau, pour ne pas voir tant d'infidèles qui reniaient son inutile protection.

Un singulier incident jeta quelque distraction dans

tout ce monde, qu'un jour de mariage avait fanatisé de plaisir; parmi les valets qui distribuaient les rafraîchissements, on remarqua le moine Spiridione qui, dans une attitude de mortification, s'était résigné aux fonctions humiliantes de la domesticité. Il passa, d'un air distrait, devant Léontio et Stellina; le jeune époux l'apostropha gaiement : — Pardon, mon père, quel métier faites-vous donc cette nuit ? Je serai forcé d'écrire au Saint-Père pour vous laver de l'interdiction que votre général va vous lancer un de ces jours. Spiridione s'inclina, comme s'il n'avait pas aperçu Léontio et sa femme.

— Mon fils, lui dit-il avec un accent de candeur touchante et de sainte mélancolie, mon fils, je n'ai jamais été exposé à la tentation du mal dans ma vie; quel mérite ai-je devant Dieu, si je ne l'ai jamais gravement offensé? La palme ne se donne qu'à celui qui a combattu, je ne pouvais choisir une occasion meilleure; tous les piéges de l'enfer sont ici ; je veux voir si je suis assez fort pour dormir dans quelques heures du sommeil des forts, si je puis braver avec le secours de la grâce les impurs fantômes des nuits, *noctium phantasmata.*

En achevant sa phrase mystique, il offrit sur un plateau d'argent de l'eau sucrée au cédrat à Léontio et à sa femme.

Les deux époux apaisèrent leur soif ardente et remercièrent gracieusement leur évangélique échanson. Spiridione continua son service volontaire jusqu'au moment où la cloche sonna le coucher des époux.

On entendait dans le lointain pleurer minuit au clocher de la Chartreuse; la façade du château s'éteignait, de croisée en croisée; les jeunes filles des campagnes descendaient la colline, en se racontant les toilettes des dames; les dames et les jeunes seigneurs retournaient à Naples de toute la vitesse de leurs chevaux. Les parents et les intimes avaient été retenus au château : le calme descendait avec les heures matinales, un silence moral purifiait le bois de pins ; après le rire, la joie, les chansons, venait cette sourde mélancolie des nuits, cette tristesse aérienne, bien plus sensible dans les lieux où le marbre semble palpiter encore sous le pied des danseurs, où les fleurs tombées sont tièdes encore du sein de la femme qui les échauffa.

Léontio était aux genoux de son épouse.

Stellina était assise sur un fauteuil dans sa chambre.

Deux lampes de forme antique éclairaient le groupe nuptial. Stellina était belle à faire mourir d'envie ; Léontio tremblait de bonheur. Les portraits semblaient regarder amoureusement leurs originaux.

— Le peintre m'a bien flattée, dit Stellina, pour dire quelque chose d'étranger à sa position.

— Il t'a flattée ! s'écria Léontio. Lui !.. et Dieu même ne pourrait peindre une image plus belle que la tienne ; les anges de son paradis sont jaloux de toi et murmurent contre Dieu ; si tu passais dans le cimetière de Chiaïa, les morts frissonneraient sous ta robe ; il t'a flattée ! lui, ce peintre impuissant ! ne pouvant te peindre, il s'est résigné à faire un chef-d'œuvre. Et puis, cette robe, ces dentelles, ce velours, tout cela n'est pas toi ; il a fait des draperies parce qu'il lui était défendu de voir et de peindre ce que mes yeux seuls peuvent voir... Entends-tu, Stellina ?..

— Oui, mon ami.

— Donne-moi tes pieds à baiser ; je veux les voir nus ; donne-moi tes beaux cheveux...

— Mon ami, mon ami, tu me fais peur... Attends... j'ai des frissons ; là... je dois être pâle...

— Oui... c'est la pâleur des jeunes épouses, c'est le frisson du lit nuptial ; oh ! que tu es belle avec cette pâleur ! Oh ! que je te plains ! tu ne peux pas t'aimer ! Viens, viens, laisse-moi te porter ; je sens que ma poitrine se rompt; tiens, tiens, je pleure de joie ! Oh ! que tu es belle ! ô Dieu ! je vous remercie, je suis l'élu de votre choix ; mon bonheur m'alarme ! que vous ai-je fait pour être si heureux ! Stellina, Stellina, tu parais souffrir...

— Je te l'ai dit, mon ami, j'ai des frissons, j'ai froid : laisse-moi remettre ma robe.

— Et moi aussi, j'ai froid, j'ai chaud, j'ai soif, j'ai tout. Sais-je bien ce que j'ai ? mon cerveau brûle, mes yeux se vitrent, mes dents s'entrechoquent, il n'y a qu'un remède à cela, nous serons heureux et calmes demain !.. oh ! viens...

— Mais que tu es pâle aussi, toi, Léontio, bien pâle, toi si coloré toujours ! Regarde-toi au miroir, mon ami.

— Un crime ! c'est une minute perdue à regarder une autre figure que la tienne. Oh ! viens, viens !

— Tes mains sont glacées, Léontio. Mon Dieu, mon Dieu, j'ai peur ! Ah ! il me semble qu'on a parlé dans cette alcôve... Léontio, mon époux, tes joues se creusent, tu souffres.

— Oui, oui, un peu. Ce n'est rien. Ah ! c'est que je désire tant, Stellina ! Oh ! que ton sein est beau comme cela ! Dénoue tes cheveux... là, bien, laisse-les couler sur ton sein. Ah ! je souffre beaucoup, Stellina : je n'ai plus la force de t'emporter sur mes bras, mes pieds s'engourdissent, ma voix s'affaiblit, et toi aussi, ma femme ?

— Mourante, mourante, mon ami, mon époux.

— Grand Dieu ! s'écria Léontio en pleurant, que nous arrive-t-il donc ?

Et il tourna tristement les yeux vers le lit. En ce moment il lui sembla qu'une main entr'ouvrait les rideaux de l'alcôve et faisait grincer leurs anneaux de fer.

Léontio s'épuisa dans un dernier effort à saisir son épée, mais il retomba sur ses genoux.

— Réponds-moi, dit-il d'une voix éteinte à sa femme, réponds-moi, parle-moi, Stellina, seulement comme je te parle.

Stellina étendit son bras péniblement et saisit les cheveux du jeune homme ; ses lèvres se mouvaient, comme si elle eût tenté inutilement de répondre, comme si elle récitait quelques prières d'agonie. La mort avait déjà jeté son vernis sur ce corps de jeune femme si beau dans sa nudité.

En ce moment des voix mélodieuses chantaient la sérénade des noces.

— Oh! oui, oui, chantez, chantez, dit à voix sourde Léontio.

Et des larmes tombèrent sur ses joues de cire. Les voix chantaient l'air mystique de Palestrina sur ces paroles profanes :

<pre>
        La vague vient de Sorrente
                Odorante,
        Sur nos têtes Vénus luit ;
        Comme toi fille de l'onde,
                Belle blonde,
        Et va dorer ta nuit.

        Vénus voit ton hyménée :
                Elle est née
        Sur ces flots que nous aimons ;
        Elle embaume de sa bouche
                Et ta couche,
        Et l'oranger de ces monts.

        Laisse tes persiennes vertes
                Entr'ouvertes
        Au balcon des corridors ;
        Que toute harmonie arrive
                De la rive
        Jusqu'à l'alcôve où tu dors.
</pre>

Entends-tu dans de doux rêves,
Sur les grèves
Fuir le flot napolitain ;
Entends-tu la voix touchante
Qui te chante,
Au bord du canot lointain ?

Entends-tu les mandolines
Aux collines
Où se font les doux larcins ?
Les vagues napolitaines,
Les fontaines
Qui tombent dans les bassins ?

Entends-tu la douce brise
Qui se brise
Dans les jasmins espagnols,
Dans les myrtes de nos îles,
Doux asiles
Où chantent les rossignols ?

Ah ! toutes ces harmonies
Sont unies ;
Elles parleront demain
A la vierge de la veille,
Qui s'éveille
Voilant ses yeux de sa main.

Dans cette nuit amoureuse
Sois heureuse ;
Aux bras de ton jeune amant
Jouis de l'heure présente,
Séduisante,
Car l'heure à venir nous ment (1).

Léontio étendit sa main vers la croisée et secoua la tête avec un mélancolique sourire. Stellina reprit ses sens dans un vif accès de douleur.

(1) Ce rhythme, si connu dans notre Midi par les vieux cantiques populaires de *Joseph* et de *l'Enfant prodigue*, doit à Palestrina un air plein de charmes et de naïveté.

— Mon ami, murmura-t-elle, nous sommes empoisonnés !

— Ce n'est pas possible ! s'écria le jeune homme avec un dernier effort de convulsion ; Dieu serait criminel de nous faire mourir ainsi. Moi, mourir devant toi, morte ! aujourd'hui !.. Non, non, la mort n'est pas faite pour nous, pour toi, belle et puissante comme la vie !.. Ah ! je sens que mes entrailles se fondent !

Stellina toucha les mains de Léontio et lui dit d'une voix éteinte :

— Mon ami, embrasse-moi encore une fois.

Ces paroles suprêmes galvanisèrent Léontio. Il se leva et retomba aussitôt sur le corps de sa femme, en l'étreignant avec des doigts convulsifs.

— Non, dit le malheureux époux, non, nous ne mourrons pas, ceci est une épreuve ; va, si nous mourrions aujourd'hui, Dieu est juste, il nous ressusciterait demain.

Des adieux funèbres se murmurèrent lèvres sur lèvres ; les deux mariés roulèrent sur le pavé de marbre. C'étaient deux cadavres nus, les plus beaux qu'un fossoyeur ait pollués de sa main.

Alors un homme sortit précipitamment de l'alcôve : c'était le moine Spiridione. Il regarda les cadavres avec une expression de joie satisfaite. Il prit l'aiguille d'or de la chevelure de Stellina et burina un mot sur la poitrine de la jeune fille. Le sang figé servit d'encre ; l'aiguille resta dans la chair ; puis il noua une échelle de corde au balcon de la chambre, descendit sur l'esplanade et s'enfonça dans le labyrinthe des pins.

II.

TRANSITION.

A dix heures du matin, hormis quelques paysans et les valets, personne n'était sorti du château. Toutes les croisées étaient encore fermées ; la chaleur s'annonçait déjà sur la plate-forme, une brise bien légère murmurait dans les bois.

Le comte de Las Vegas et sa femme parurent les premiers sur le perron du nord, en négligé du matin ; les dames arrivèrent ensuite, mêlées aux jeunes seigneurs. Toute cette société oisive et heureuse marchait avec nonchalance dans la grande allée de pins ; il y avait sur les figures quelques signes d'abattement et de lassitude.

Un éclat de rire suspendit la promenade et groupa les promeneurs.

C'était le duc de Matalone qui arrivait du château en faisant retentir le bois de la bruyante expression de sa gaieté.

— Mesdames, dit-il, je viens de passer sous la croisée des deux jeunes époux ; devinez ce que j'ai vu ?

Une curiosité muette l'interrogea vivement par son silence.

— J'ai vu une échelle de corde liée au balcon ; nos deux chers enfants se sont enlevés.

— Enlevés ! s'écria-t-on en chœur.

— Oui, enlevés ! poursuivit le duc. A quoi servent les échelles de corde ? Venez donc voir, mesdames ; le trait est original ; à la première nuit des noces ! c'est neuf dans l'histoire de l'amour.

La compagnie courut follement, le duc en tête, sous

le balcon de la chambre nuptiale. La croisée était large ouverte, l'échelle pendait; toutes les voix crièrent : *Léontio! Léontio!* La comtesse de Las Vegas appela sa fille avec un accent d'inquiétude. Aucune voix ne répondit.

— Il faut monter, dit le comte, et frapper à la porte. On courut à l'escalier; la porte de la chambre fut heurtée d'abord avec ménagement, puis secouée avec fureur, puis enfoncée d'un coup de marteau. La chambre fut envahie; je ne vous dirai pas la scène d'effroi qui suivit. Les deux cadavres étaient étendus au grand jour. Les rayons jouaient avec la gorge nue de Stellina; la pauvre fille était déjà verdâtre; chemin faisant, le soleil s'amusait à la parcourir.

On avait emporté mourantes les deux mères; toutes les dames avaient quitté la chambre en poussant de longs cris d'horreur; les seigneurs Las Vegas et d'Ottayano trouvaient dans leur fermeté d'homme assez de courage pour contempler leurs enfants morts. Ils étaient auprès, debout, les bras croisés, des larmes aux yeux, muets, et s'interrogeant quelquefois l'un l'autre par un regard plein d'expression.

Tout à coup le duc d'Ottayano se pencha vivement sur un des cadavres en disant d'une voix sourde :

— Il y a quelque chose d'écrit à la pointe d'une aiguille; c'est indéchiffrable pour moi... Las Vegas, vous ne pleurez pas, lisez.

Ottayano lut ce mot : Vengé!

— Compris, dit froidement Las Vegas.

Ottayano secoua la tête et prononça d'une voix presque inintelligible les deux mots : *C'est lui!*

Puis l'écume jaillit des lèvres de Las Vegas, le sang gonfla les veines de ses tempes; il roidit fortement ses jambes sur le parquet et s'écria d'une voix sourde :

— Le misérable! il m'a mis en défaut hier! Un instant j'ai cru le reconnaître, un seul instant! Le fracas de la journée m'a ôté la réflexion ! il y a vingt ans que je ne l'avais vu.

— Oui, vingt ans ! dit Ottayano... Je le croyais mort.

— Mais il faut nous venger, Ottayano, il le faut... Nous enverrons nos braves au couvent de Torre di Grecco... N'est-ce pas, Ottayano ?

— Inutile ! inutile ! le bandit n'est plus au couvent à l'heure qu'il est.

— Malédiction de Dieu ! il nous échappera ! il faut partir sur-le-champ, Ottayano... sur-le-champ... Il faut aller à Naples ; il faut aller raconter le crime au duc d'Arcos... C'est aux inquisitionnaires du vice-roi qu'il faut confier la recherche du brigand ; les sbires le trouveront, c'est sûr ; il aura quitté l'habit religieux... Il s'est jeté peut-être parmi les lazzaroni ; peut-être est-il en fuite sur la route de Salerne ou sur la route de Rome ; il faut que le vice-roi nous serve... Allons à Naples, Ottayano.

— A Naples ! Oui, demain, nous irons à Naples ; mais nous ne pouvons quitter nos femmes aujourd'hui.

— Ah ! oui, oui. Pauvres mères !

— Le duc de Matalone parlera pour nous au vice-roi ; il s'apprêtait à partir tantôt. Matalone nous servira ; demain nous le rejoindrons à la Villa-Royale.

— Oui, oui, cela vaut mieux. Allons voir Matalone. Ces pauvres enfants !

Les deux malheureux pères quittèrent cette chambre funèbre à pas lents, et comme à regret ; en sortant, Las Vegas montra le lit nuptial à son ami ; des sourires affreux coururent sur leurs lèvres pâles et frissonnantes. Le lit était encore recouvert de sa magnifique étoffe aux franges flottantes de soie et d'or. Une odeur cadavérique courait déjà dans la chambre.

— Ils sont bien morts, dit Ottayano, et il ferma la porte, appela un de ses valets et le plaça sur l'escalier comme une sentinelle.

Ils se rendirent, chacun de son côté, auprès de leurs femmes; elles s'étaient mises au lit avec une fièvre ardente; elles paraissaient sourdes à toutes les consolations qu'on leur prodiguait, car le coup terrible était trop récent.

Le convoi funèbre eut lieu à midi. On porta les deux cadavres dans une petite chapelle, au milieu du bois; ils furent inhumés; un mois après cependant Las Vegas fit sculpter à Naples un beau tombeau de marbre blanc, qu'on adossa au mur extérieur de la chapelle; un prêtre le bénit; on exhuma les corps, et ce fut là qu'ils furent déposés. La porte de bronze du tombeau fut scellée; on y grava cette inscription :

LÉONTIO ET STELLINA,

MORTS LE 11 MAI 1646, JOUR DE LEUR MARIAGE!

La grande croisée et la porte de la chambre nuptiale furent murées; on avait jeté deux grands voiles noirs sur les portraits des jeunes époux. L'ameublement resta intact. On ne lava pas même la place où les cadavres furent trouvés gisants; une sueur corrosive, la sueur de la mort et du poison, avait dessiné, pour ainsi dire, la forme des deux corps sur le marbre.

Par ordre du duc d'Arcos on fit de sévères perquisitions dans la ville et la campagne pour découvrir le moine soupçonné du crime. Tout fut inutile. Il n'était plus retourné à son couvent, et le lieu qu'il avait choisi pour retraite fut un mystère pour les limiers du vice-roi.

Le souvenir de cette épouvantable nuit laissa dans le château une teinte lugubre, un nuage de consternation, que les jours, en s'écoulant, ne purent effacer. Seulement les deux mères, d'abord inconsolables, et décidées à subir le suicide du désespoir, se résignèrent à vivre ; la certitude d'une maternité nouvelle leur avait fait un devoir de se fortifier contre le souvenir d'un grand malheur accompli. Dix mois après, la comtesse de Las Vegas mit au monde une fille qu'elle fit nommer Stellina, et à quinze jours d'intervalle, son amie accoucha d'un nouveau Léontio. Une joie triste et peu confiante en l'avenir environna le berceau de ces nouveaux nés. Ottayano et Las Vegas avaient fait à tout le monde, même aux parents ou intimes, un secret de la grossesse de leurs épouses ; la naissance des deux nouveaux enfants fut enveloppée du même mystère. Un prêtre fut introduit clandestinement et de nuit par Las Vegas auprès du berceau, et il les baptisa sans savoir de quels parents ils étaient nés. Les deux familles poussèrent à l'excès le scrupule des précautions, afin de dérober cette sorte de résurrection à l'invisible ennemi qui calculait si bien ses vengeances et savait attendre de longues années pour frapper plus à propos. Las Vegas et Ottayano, qu'une épouvantable catastrophe et les craintes vagues de l'avenir dégoûtaient de Naples, formaient le projet de passer en Espagne dès que les deux enfants seraient assez forts pour supporter le voyage. Les deux mères approuvaient fortement ce projet : elles avaient pris le château en horreur.

La fatalité n'avait qu'ébauché son œuvre contre les deux familles : lorsqu'elle met ses ongles de fer sur quelque victime, cette fatalité, elle la torture longtemps ; enfin elle l'abandonne, mais écorchée vive ; puis elle y revient pour ronger le squelette.

Or, voici ce qui arriva :

Le 10 juillet 1647, le quatrième jour du règne de Mazaniello, règne d'une semaine, le peuple se précipita au palais du duc de Matalone pour le massacrer ; le duc s'était enfui. Son frère Joseph fut décapité à sa place, car il fallait un membre de cette famille à la vengeance du peuple. On avait appris que le duc avait payé des gens pour assassiner Mazaniello, et c'était la cause de l'irritation. Les amis du duc de Matalone furent voués au même sort, comme complices; le comte de Las Vegas et d'Ottayano furent assaillis à Largo di Castello, massacrés et jetés à la mer. Un lazzarone, qui se faisait suivre d'une bande nombreuse et dévouée, avait commandé cette exécution; cet homme inconnu, mais si fidèlement obéi, comme tous ceux qui montrent dans les révoltés une intelligence supérieure, s'adressa aux lazzaroni, ses compagnons, et leur dit d'une voix calme et douce, voix qui contrastait avec la scène d'assassinat qu'il avait provoquée : « Mes amis, la mort de ces deux traîtres ne nous suffit point; il faut monter à leur château pour continuer notre vengeance; le duc de Matalone y a cherché un refuge. Il nous faut le sang de Matalone! Venez avec moi. »

Le lazzarone inconnu entraîna cette foule, ivre de sang, vers le château de Las Vegas. On n'y trouva que le concierge Stéphano. Ce domestique assista paisiblement à la dévastation de cette belle résidence. L'événement tragique des deux époux avait fait sur lui une si forte impression qu'il était réduit à un état d'imbécillité. Pendant qu'on ravageait, le lazzarone inconnu marcha droit au tombeau de la chapelle, il ouvrit la porte de bronze, il enleva les cadavres de Léontio et de Stellina, et du haut de la colline il les jeta aux oiseaux de proie qui volent dans la profonde vallée d'Ottayano. Ce luxe de vengeance parut lui faire plaisir; car sa figure rayonnait.

Les deux dames et leurs jeunes enfants auraient probablement été les victimes de ces forcenés et de leur chef mystérieux; mais la destinée leur réservait une autre chance.

Après l'assassinat de Las Vegas et d'Ottayano, le domestique qui les suivait (on le nommait Limerio) courut au château avec précipitation pour apprendre aux deux veuves le sort de leurs infortunés maris, et les arracher d'une demeure où il présumait que les assassins se dirigeraient infailliblement.

Limerio se jeta aux genoux de la comtesse Las Vegas :
— Sauvez-vous, sauvez-vous, dit-il, vous n'avez pas un instant à perdre ; dans une heure la mort sera dans ce château.

D'autres serviteurs, arrivés de Naples, répandirent l'alarme, confirmèrent le double assassinat de Las Vegas et de son ami. Les deux malheureuses veuves tremblèrent pour leurs enfants. Il fut résolu qu'on abandonnerait sur-le-champ le château pour chercher un asile dans quelque ville du littoral de l'Italie.

Limerio était un marin de Procita ; il savait conduire une barque à la voile ; il était dévoué aux deux familles. Ce fut à lui que les épouses de Las Vegas et d'Ottayano se confièrent dans cette heure de désespoir. Elles amassèrent à la hâte leurs bijoux, leurs diamants, toutes leurs richesses portatives. Limerio déposa les deux enfants dans un berceau commun, et cette famille fugitive, composée de cinq personnes, le domestique compris, descendit la colline à travers les bois par un sentier détourné, jusqu'à la petite anse d'Ottayano, où était amarrée une vieille barque dépendante du château.

On mit à la voile : le vent était frais et favorable : on s'abandonna au vent. Aux approches de la nuit, le temps tourna à l'orage ; la mer, prodigieusement agitée, tourmentait les deux dames ; les enfants dormaient. Limerio, privé de boussole et ne connaissant pas les parages où la force du vent le poussait, manœuvrait pour ne pas être englouti et pour s'éloigner de la terre. A minuit, la tempête était si horrible qu'il parut impossible à Limerio de se sauver dans sa frêle embarcation.

Pour comble de malheur, une voie d'eau se déclara

soudainement, comme si le plancher de la barque eût été percé par une pointe de rocher, en glissant sur quelque récif à fleur d'eau. Les deux pauvres femmes poussèrent des cris d'effroi, et elles élevèrent sur leurs genoux le berceau de leurs enfants, tandis que l'infatigable Limerio rejetait hors de la barque l'eau qui entrait en abondance. Seul, il était trop faible pour lutter ainsi contre la tempête et la voie d'eau. Une lueur d'espoir se manifesta pourtant; le vent diminua sensiblement aux premières clartés de l'aube; la mer parut se remettre au calme; on apercevait confusément à l'horizon les lignes sombres de la côte; mais la barque, qui depuis la veille avait été emportée par le vent avec une merveilleuse rapidité, n'avançait plus que fort lentement, car le volume d'eau qui l'envahissait était un fardeau bien lourd, que tous les efforts de Limerio ne pouvaient alléger.

— Nous sommes perdues! s'écria la comtesse de Las Vegas en jetant un regard d'effroi sur le berceau.

Limerio garda le silence.

L'eau montait toujours par la voie ouverte; elle était presque au niveau des deux banquettes. La côte se dessinait légèrement et bien loin.

— Qui dois-je sauver? s'écria Limerio.

— Sauvez nos enfants, répondirent les mères.

— Priez la sainte Vierge pour nous trois, dit Limerio.

Et il prit le berceau, que la voie d'eau atteignait déjà; il le déposa sur la mer tout à fait calme, le dirigeant d'une main et nageant de l'autre.

La barque était submergée. Limerio tourna la tête un moment et ne vit plus que la flamme verte de l'antenne.

Limerio nagea trois heures avant de toucher la côte; il avait maintenu le berceau dans un parfait équilibre. Les enfants, que leurs mères avaient allaités sur la barque pour la dernière fois, s'étaient rendormis sur leur lit flottant. Limerio, épuisé de fatigue et frissonnant de fièvre, venait enfin de les déposer sur la côte d'Ostie, presque aux portes d'un couvent de religieuses clairistes.

Deux frères quêteurs s'emparèrent du berceau et donnèrent des secours à Limerio agonisant. Une hospitalité généreuse lui fut donnée dans une petite maison de campagne qui dépendait du couvent.

Par devoir ou par curiosité, le podestat vint, quelques heures après, faire son enquête sur le naufrage. Limerio était au lit. L'homme de loi l'accabla de questions. L'honnête serviteur répondit d'abord avec vérité aux questions qu'il jugeait insignifiantes. Ainsi il déclina son nom et ceux de Stellina et de Léontio ; puis, craignant de compromettre l'avenir de ces deux enfants, que de terribles ennemis avaient sans doute intérêt à détruire, il improvisa une fable ; il dit qu'il était un pêcheur de Civita-Vecchia, que, la nuit dernière, il avait recueilli dans sa barque, d'un vaisseau naufragé, ces deux enfants avec leurs mères. Les détails qu'il donna ensuite étaient véritables, ceux même qu'on a lus.

Le podestat promit d'écrire, le jour même, au cardinal Albrucci pour l'instruire du dévouement évangélique de Limerio et solliciter une récompense ; mais le pauvre serviteur se débattait déjà sous les premières atteintes d'une pleurésie qui devait l'emporter au tombeau. Trois jours d'émotions et d'intolérables fatigues lui avaient porté un coup de mort. Il ne se releva plus du lit hospitalier où le quêteur de Sainte-Claire l'avait déposé tout tremblant de l'humidité des vagues. Limerio mourut dans un accès de délire, où il révéla d'étranges choses, des choses qui furent bien mystérieuses à ceux qui les entendirent. A travers l'incohérence des songes récités par Limerio agonisant, se glissait souvent quelque incident vrai des tragiques histoires du château de Las Vegas.

Les deux enfants, la jeune Stellina, le jeune Léontio, furent placés par les frères quêteurs sous la protection du couvent.

III.

A ROME.

Le 2 novembre 1666, un jeune artiste dessinait un mélancolique paysage de ruines, au milieu des Thermes d'Antonin; auprès de lui, une jeune fille blonde, assise sur un chapiteau, travaillait à un ouvrage de broderie. Ils paraissaient de même âge l'un et l'autre : dix-huit ans environ. Leur costume n'annonçait pas l'aisance : ils étaient tout entiers à leurs travaux, comme si leur pain du jour en eût dépendu.

Une cloche sonna lentement au campanille de l'église des saints Nérée et Achilée.

Le jeune homme tressaillit et laissa tomber son crayon.

— Cette cloche m'a fait peur, dit-il d'une voix sourde. Stellina, est-ce déjà l'*Angelus* du soir ?

— Non, mon frère, ce sont les derniers glas de la fête des Morts. Nous n'avons pas récité un seul *Miserere*.

— En quelle intention l'aurions-nous récité, ma sœur? dit le jeune homme avec un sourire triste.

— Pour les pauvres âmes du purgatoire.

— Tu as raison, Stellina. Si les âmes de notre père et de notre mère sont en souffrance, tu les aurais soulagées peut-être avec tes prières, toi, Stellina, toi si pure, si angélique! Écoute, ma sœur, il me semble que nous perdons nos habitudes pieuses, nos pratiques dévotes, à mesure que nous avançons en âge. Il y a trois ans que nous avons quitté cette bonne maison hospitalière de Sainte-Claire, où nous avons été élevés si chrétiennement : et cela me fait peur à penser combien depuis nous avons pris de goûts mondains, moi surtout, ma sœur, moi ; car tu ne fais, toi, que ma volonté. Tes vertus t'appartiennent, tes fautes sont à moi. Aujourd'hui, par exemple, n'est-ce pas un crime devant Dieu et les hommes d'avoir laissé passer la fête sans avoir récité les sept Psaumes dans quelque coin d'église ? On dirait que nous sommes conduits par un esprit malin.

La jeune fille se rapprocha vivement de son frère avec une convulsion nerveuse, et ses grands yeux noirs se détachèrent d'une manière effrayante sur la pâleur de son visage.

— Allons à l'église, dit-elle, j'ai besoin de prier. Viens, mon frère, quittons ces ruines, elles sont trop tristes pour nous.

Léontio écoutait sa sœur, les yeux attachés sur elle : il semblait que cette voix, pleine de notes mélodieuses, l'arrachait momentanément à quelque pensée habituelle d'horrible mélancolie. Stellina ne parlait plus, et Léontio la regardait encore de l'air d'un homme qui écoute. Aux paroles de Stellina avait succédé un étrange silence ; le vent d'automne tourmentait la forêt de lichen et de lierre incrustée sur les colossales voûtes des thermes ; et à chaque secousse du vent dans les plantes pariétaires, il en tombait une grêle de mosaïques. Par intervalles, revenait un calme de désolation : le ciel se plombait de nuages dans toute l'étendue de la voie Appia. Depuis le pied du Palatin jusqu'au tombeau de la fille de Crassus, on ne distinguait pas un seul être vivant. Cet immense désert ressemblait au cimetière de quelque monde où l'on aurait bouleversé les cyprès et les tombeaux.

Ce deuil incomparable qui attriste cette partie de la campagne de Rome agissait sans doute sur l'imagination nerveuse de Léontio; il s'abandonnait avec une sorte de joie à l'impression désolante du paysage; il se prenait subitement de dégoût pour le dessin qu'il avait commencé et cherchait dans la plaine quelque point de vue nouveau : c'était tantôt la ligne triomphale et brisée des aqueducs, tantôt la muraille noire et crénelée de la vieille enceinte aurélienne, ou bien un tronçon de colonne granitique, ornement du vestibule des thermes, aujourd'hui gisant sur un lit de violettes, de marguerites blanches et de gazon. Stellina ne brodait plus : elle était immobile, les yeux fixes et sans regard déterminé : on aurait cru voir la statue de la Pudeur exhumée des ruines. La cloche de l'église voisine sonna une seconde fois, et la jeune fille se leva vivement, comme si elle s'arrachait d'un rêve pénible.

— Viens, mon frère, viens, murmura-t-elle tout bas, allons prier.

Léontio reprit son manteau brun et usé; il jeta sur les épaules de Stellina une mantille rouge, et il se dirigea lentement vers la porte des thermes. La vieille femme qui leur ouvrit cette porte secoua tristement la tête en les voyant passer, et les recommanda, dans une courte prière, à la sainte Vierge. Ils étaient livides et convulsifs comme des agonisants.

Les portes de l'église se fermaient quand ils parurent devant le porche. Léontio put distinguer encore les treize cierges de cire jaune qui brûlaient autour d'un catafalque noir semé de larmes blanches.

— Vous arrivez trop tard, lui dit le sacristain, on vient de faire la dernière absoute.

Léontio glissa une petite pièce d'argent dans la main du sacristain.

— C'est pour une messe de morts, dit-il.

Le sacristain ouvrit un registre déposé sur une petite table à l'entrée de l'église.

— En quelle intention faut-il célébrer cette messe ? demanda-t-il à Léontio.

— Pour les âmes de notre père et de notre mère.

— Quels noms faut-il écrire ?

Léontio ne répondit pas.

— Les noms de votre père et de votre mère, poursuivit le sacristain ; les noms de baptême seulement. Le prêtre les prononce au *Memento*... Vous les avez oubliés ?

— Oui, répondit Léontio avec un soupir étouffé.

Stellina s'appuyait sur une des petites colonnes du porche et pleurait.

— Pauvres enfants, dit le sacristain, que les patrons de notre église intercèdent pour vous ! Nous vous dirons une messe de morts.

Et il offrit de l'eau bénite à Léontio et ferma la porte de l'église.

Léontio se serra étroitement dans son manteau, fit signe à Stellina de le suivre, et s'avança d'un pas rapide sur la voie Appienne.

Ils laissèrent à gauche la masure lépreuse qui recouvre les tombeaux des Scipions, et plus loin cette campagne inculte où s'étend l'immense ellipse de ruines qui furent le cirque de Caracalla, et ils arrivèrent aux limites de Rome aurélienne, au pied de cette tour tumulaire qui a éternisé le plus grand deuil paternel dont la ville de Rome ait été témoin.

Le jour baissait en tournant à l'orage ; le vent d'est s'engouffrait dans la tour de Cécilia Métella et la remplissait d'une harmonie lugubre comme la mélopée des funérailles antiques ; les touffes larges et profondes du lierre éternel qui domine le tombeau comme une couronne de deuil laissaient tomber des plaintes à chaque rafale. Parfois on aurait dit que toutes les têtes saillantes de taureaux incrustées sur la frise mugissaient comme les grandes victimes de Clitumne devant la hache du sacrificateur. Le vent qui tonnait sur cette campagne en se heurtant aux ruines avait toutes les paroles, toutes les voix, tous les cris de la désolation : chaque ruine lui donnait sa pensée. Ce vent jaillissait en mille coups de foudre de toutes les arches des aqueducs, de tous les portiques du cirque d'Antonin ; il courait sur la voie Appia et creusait les dalles avec un bruit de chariots ; il se brisait dans les créneaux des murailles auréliennes en imitant les clameurs des barbares de Théodoric : pas un éclat de ce vent solennel qui ne rappelât une grande chose éteinte, une chute de colosse, une lamentation de l'univers.

Léontio s'abandonnait avec ivresse aux embrassements de cette puissance invisible de l'air qui lui parlait une langue si bien comprise de son cœur.

— Ah! on respire ici, n'est-ce pas, ma sœur? On ne souffre pas seul ici, on souffre avec tout ce qui a souffert ; on pleure avec tout ce qui a pleuré. Oh! comme ce deuil est large! toutes les larmes qui ont coulé ici, tenues par Dieu en réserve, changeraient la voie Appienne en torrent. Je puis sourire enfin, cela me donne un peu de joie.

Et il se mit à examiner avec attention la tour sépulcrale de Cécilia Métella. En ce moment, des feuilles de lierre arrachées par le vent tombaient à flots comme des larmes sur la touchante inscription du tombeau.

— Pauvre fille ! et surtout pauvre père ! dit Léontio ; qu'elle doit avoir été grande, la douleur qui s'est exprimée avec tant de simplicité !

CÆCILIÆ Q. CRETICI. F. METELLÆ CRASSI.

Rien de plus! et combien de générations se sont

attendries là-devant!.. Écoute, Stellina, on est bien ici, n'est-ce pas ? Ce tombeau est vide, choisissons-le pour notre maison.

— Avec toi, mon frère, un tombeau est un palais.

— Bonne sœur ! j'ai pris Rome en dégoût; personne ne me ressemble dans cette ville; je suis là, dans la rue Saint-Théodore, comme un homme venu de l'autre monde ; les petits enfants ont peur de moi, quand je les regarde ; notre voisinage est mauvais ; ailleurs il ne vaudrait guère mieux : tous les quartiers de Rome se ressemblent ; on n'y voit partout que des femmes folles de leurs corps, et ma sœur ne doit vivre que dans une atmosphère d'anges, ou bien loin des hommes.

— O mon frère, dit Stellina avec une voix si touchante et qui ressemblait si peu à une voix humaine qu'on aurait cru entendre sortir du sépulcre la plainte de l'ombre de Cécilia, ô mon frère, je ne vis que par toi ; je ne vois que toi dans le monde ; je n'entends rien de ce qui se dit autour de nous ; ta parole est la seule qui aille à mon oreille ; mon horizon est la bordure de ton manteau ; si je prie Dieu, c'est parce que tu le pries ; si je travaille, c'est pour t'imiter ; si je marche, c'est pour suivre tes pas. Je suis bien triste, Léontio : eh bien ! si je te voyais rire, je rirais. Mon corps n'est que l'ombre du tien ; ma vie est un reflet de ta vie. Quand je prononce ton nom, je voudrais que les syllabes de ce nom fussent éternelles, tant je les savoure avec plaisir ; je t'appelle mon frère, parce que je ne crois pas qu'il y ait un nom plus doux ; si tu en sais un plus doux, apprends-le-moi. Je n'ai jamais regardé en face d'autre visage que le tien, je ne soupçonne l'existence d'autres créatures humaines que par le bruit qu'elles font en passant auprès de nous. O mon frère, qu'as-tu besoin de me demander des conseils ! Veux-tu vivre, je vivrai ; veux-tu mourir, je meurs ;

maison ou tombeau, tout me sera le ciel sur la terre, pourvu que j'entende ta voix bien près de ma voix.

— Ange de Dieu, céleste enfant, dit Léontio exalté, oh! je t'embrasserais avec délices, si les caresses, même fraternelles, étaient permises devant un tombeau! Non, non, tu ne sais pas combien j'ai besoin du baume de ta parole, car j'ai des chagrins, j'ai des douleurs que nul homme ne connaît et qui font mon visage pâle, qui glacent ma langue, qui brûlent la racine de mes cheveux; des douleurs si incompréhensibles que parfois je me secoue avec violence comme pour m'arracher d'un rêve étouffant; car de pareils tisons de cerveau ne tombent que dans les rêves des mauvais sommeils. Un jour, j'avais fait un ami; tu ne sais pas ce que c'est qu'un ami... C'est un homme qui vous trompe un peu plus poliment que les autres hommes : je me promenais avec lui sur la place solaire de l'Arc des Orfévres, tout près de notre maison; oh! comme je souffrais ce soir-là! Je voulus m'épancher; je lui contai mes peines, il ne me comprit pas, je m'efforçai de lui expliquer la nature étrange de ces idées qui me bouleversaient; eh bien! sais-tu ce que fit cet ami? il éclata de rire et me traita de fou. Oh! je ne tuerai jamais personne, car cet ami est sorti vivant de mes mains! il vit, ce grand sage! il vit, il est heureux, ou fait semblant de l'être; il se promène habillé de velours et la main sur un pommeau d'épée, tous les dimanches après vêpres, devant Saint-Théodore; il fait des sonnets sur les beaux yeux des dames; il dîne tous les jours chez un cardinal, il passe la mauvaise saison à Villa Pamphili... Que Dieu lui donne une heureuse fin! il mourra sans s'être douté un instant qu'il a vécu. Moi, je suis ravi de lui avoir infligé la vie; je l'aurais mis trop à l'aise en le tuant. Depuis, j'ai gardé mes secrets, c'est un saint trésor qui est en moi ; crois-tu que je doive le confier à ma sœur ?

Stellina serra les mains de son frère et se recueillit pour écouter.

Léontio fit courir ses doigts dans les touffes noires et bouclées de ses cheveux et appuya vivement sa large main brune contre son front ; ses yeux noirs se mouillèrent de quelques larmes. A l'agitation de sa poitrine nue, il était aisé de voir qu'un grand effort se faisait en lui et qu'il éprouvait une peine insurmontable à traduire avec la parole ce qu'il avait pensé tant de fois ; enfin il parla.

— Ce ne sont pas des douleurs ordinaires que je vais te conter, ma sœur. Nous ne devons avoir, nous, que des maux de prédilection ; ne sommes-nous pas les bien-aimés du malheur ? Notre vie ressemble-t-elle à une autre vie ? Nous ne savons ni ce que nous avons été, ni ce que nous sommes. Bien bas placés dans les différentes espèces d'hommes, il y a pourtant au fond de nous une fierté naturelle qui dément notre abjecte condition ; nous sommes pauvres, non pas comme ces malheureux qui font espalier de haillons sur la place Montanara, c'est un autre genre de misère que la nôtre ; nos mains droites ne se sont jamais allongées devant la porte d'un cardinal ; nos bouches n'ont jamais murmuré cette psalmodie dolente qui fait violence à l'aumône ou provoque le refus. Nous mangeons du travail de nos mains, mais notre travail est mal payé. J'ai longtemps cherché dans Rome un être vivant qui laissât supposer dans son regard et par son extérieur quelque ressemblance de position avec la mienne : j'ai vu bien des misérables, mais ils m'ont paru tous résignés, tous prenant leur indigence en gaieté, comme chose due ; ce que je n'ai jamais remarqué sur les visages souffrants, c'est une de ces contractions rapides, un de ces coups d'œil vers le ciel, qui partent du cœur comme une accusation contre Dieu. Si j'avais surpris une seule fois un homme en peine flagrante, en conviction de malheur, je lui aurais tendu la main; il m'aurait compris, nous nous serions associés pour faire notre vie avec moins de poids sur le cœur. Un jour, je vis à la grille de l'église de Saint-Georges un homme assis qui pleurait ; il faut se méfier des pleurs, ce n'est bien souvent que de l'eau pure ; je demandai avec intérêt à cet homme le motif de son désespoir : il avait perdu son enfant. Perdre un enfant, c'est une douleur de la vie, douleur admise dans la langue humaine, douleur classée et qui a un nom; aussi la marche à suivre est toute simple pour se débarrasser de ces douleurs-là ; elles ont leurs phases, leur progression, leur décroissement. Le lendemain, je rencontrai devant Saint-Paul ce père désolé : il ne pleurait plus ; au carnaval, je le revis, il courait avec les masques en habit d'arlequin. J'ai donc reconnu que mon être s'isolait complétement des autres êtres, que mes chagrins n'avaient pas de mot qui les traduisît aux hommes, que dans cette grande ville qui a tant gémi, dans cette ville rongée jusqu'au squelette par toutes les plaies de l'univers, dans cette Rome toute lézardée à force de convulsions, jamais un habitant ne me comprendrait, et qu'il était inutile de me mêler au vulgaire pour échanger des mots et des sons qui ne seraient jamais dans le sens de l'idée qui m'absorbe tout entier. Ainsi je me suis réfugié dans ma solitude : j'ai quelquefois ressenti un mouvement de fierté en pensant que j'avais inventé une souffrance, que j'avais créé un malheur. Qui suis-je donc ?

Ce que je suis ! oh ! assieds-toi, assieds-toi, Stellina, là, sur cette frise ; les ruines sont nos fauteuils, à nous...

Ce que je suis ! oh ! si tu pouvais parler en ce moment, ombre de jeune fille qui voltige autour de nous! ce que je suis, Stellina! un homme comme un autre homme? impossible! je ne me suis jamais assis à leurs banquets; je n'ai jamais fait de libation avec eux, je ne connais ni leurs théâtres, ni leurs jeux, ni leurs plaisirs, ni leurs douleurs, ni leur folle confiance, ni leur désespoir. La ville qu'ils habitent m'étouffe comme une prison. Je me suis retiré à la lisière, là où commence le grand chemin des tombeaux. Là, je me sens dans mon domaine; j'aime les tombeaux, non point ceux où le ver a quelque chose encore à faire, mais les tombeaux qui sont eux-mêmes devenus squelettes; et, gloire soit à Rome, ce luxe funéraire ne lui manque pas! Ville désolée qui porte partout les insignes du néant, qui s'appuie d'un côté sur le tombeau d'Adrien, de l'autre sur cette tour de Cécilia, comme une vieille reine débauchée sur deux favoris. Oui, j'aime les tombeaux comme on aime sa maison natale; je les aime, non parce que je dois y rentrer un jour, mais...

— Mon frère! s'écria Stellina.

— Parce qu'il me semble que j'en suis sorti!

Stellina s'était jetée dans les bras de Léontio en disant d'une voix sourde : j'avais deviné! Le jeune homme la serrait sur sa poitrine, baisait sa bouche, son front, ses cheveux, avec un délire qui n'avait rien de fraternel. Des paroles s'échangeaient entre eux; mais la tempête les couvrait de sa voix. Une nuit horrible était déjà tombée. Quelques rares éclairs illuminaient par intervalles la tour de Cécilia et la ligne de remparts; tout le reste de la campagne gardait alors une teinte livide. La cloche de Saint-Paul sonnait l'office du soir, et les sons portés par le vent semblaient tourbillonner dans la tour vide, comme si ses pierres eussent été d'airain. Les deux jeunes gens se tenaient étroitement embrassés : un éclair éblouissant les fit tressaillir; Léontio se leva vivement, car il lui sembla un instant que la sainteté de leur entretien était violée ; l'éclair vif et large avait illuminé les bas-reliefs de marbre : des figures de femmes éplorées, de suppliants, de sacrificateurs, s'étaient animées à la lueur du météore, et l'on eût dit qu'un cortége de funérailles s'avançait vers le tombeau.

— Tu le vois, s'écria Léontio, les mains vers le ciel, tu le vois, Stellina ; l'enfer est irrité contre moi ; j'ai violé mon secret ; j'ai trahi une confidence de la tombe, et... j'ai plus fait que cela !.. J'ai eu une idée !.. une idée affreuse ! Oh ! l'excès du malheur nous conseille quelquefois la consolation du crime ! Stellina, j'allais oublier que tu étais... Viens, viens, ma sœur, ma sœur, ma bonne sœur ! Viens, rapprochons-nous des demeures de l'homme ; viens, ce lieu est maudit !

Ils descendirent le petit tertre de gazon sur lequel est bâtie la tour ; Léontio tenait la jeune fille par la main, et il lui disait, en marchant sur la voie Appienne :

— Cette idée épouvantable que je ne suis pas né comme un autre homme, que ma vie me vient de la tombe, que j'appartiens à une classe d'êtres intermédiaires entre l'homme et le démon, cette idée de désespoir me reste là, fixée au front, et domine toutes mes autres idées. La nuit, je fais des rêves affreux, des rêves qui troublent bien souvent ton sommeil, ma pauvre sœur, car souvent je t'ai trouvée au chevet de mon lit, la lampe rallumée et ta belle figure toute luisante de sueur ; tu devais avoir entendu ces épouvantables mugissements qui me réveillent moi-même lorsque je me sens étouffé par mon rêve habituel. Il me semble alors que je suis inhumé bien profondément, cloué dans une bière, enveloppé à l'étroit de langes comme une momie ; je respire une odeur d'herbes grasses, de suaire, de cierges éteints ; je sens se glisser sur ma poitrine, à travers les langes, quelque chose de rampant et de glacé qui me pique comme la

3

pointe d'une épée; j'entends bien au-dessus pleurer le vent, dans de hautes herbes, avec des chants d'église, et des coups de bêche sur des fosses. Une teinte blafarde tombe autour de moi comme un éclair d'orage qui ne s'évapore pas. Oh! ce que je vois alors est si affreux qu'aucune langue n'a de mots pour le dire, aucune oreille assez de force pour l'écouter. Je roidis mes bras pour rompre mon étroit suaire; je m'épuise à prendre de l'élan pour me lever; mais j'ai comme un carcan de fer aux pieds et au cou, et quand, à force de convulsions, je parviens à faire un mouvement, mon front se brise contre une voûte plate et gluante sous laquelle je suis écrasé. Et j'ai le sentiment de mon existence, je me rends raison de mon état, j'éprouve la faim, je brûle de soif; je contracte mes lèvres pour tâcher de saisir quelques racines terreuses qui pendent, pour humecter ma langue en feu à l'humidité de la voûte. Je ne saisis rien; je m'efforce à pleurer afin de boire mes larmes, mon œil reste sec. Je m'essaie à la résignation, mais je n'arrive qu'au désespoir. C'est par une violente crise de désespoir que je me délivre; tout mon cœur se roidit. Après bien des râles et des sanglots étouffés, un cri sort de ma poitrine et me réveille, et il me faut du temps encore pour me convaincre que l'horrible rêve est fini. Que me veut donc ce rêve? Quel pacte ai-je fait avec lui? C'est ce rêve familier qui m'a fait prendre en horreur la seule consolation offerte par le ciel au malheur, le sommeil. N'est-ce pas injuste, qu'après une journée désolante, on retrouve dans le remède du sommeil des mensonges plus déchirants que les maux réels? Mais qui a donc fait ce monde? Oh! cela me pousserait au blasphème!

— Mon frère! mon frère! s'écria Stellina tout en pleurs, calme-toi, ne parle plus; ta main brûle, tu es malade...

— Non, non, je veux tout te dire ce soir, tout; après je ne parlerai plus de moi... Écoute, écoute encore, et surtout tâche de me comprendre; je te demande plus que de l'intelligence; je veux de la divination. Nous sommes du même sang; notre organisation, à coup sûr, est la même; tu vas me dire si tu me comprends.

Souvent, dans ma vie, il m'est arrivé, toi étant assise à côté de moi, ou moi te donnant le bras en nous promenant, il m'est arrivé d'être bouleversé par une pensée singulière : dans la position relative des objets extérieurs à nous, dans la combinaison accidentelle de nos mouvements, de nos gestes, de nos regards, sous tel aspect du ciel, telle forme de nuages, telle ondulation de montagnes, telle couleur du jour, je crois soudainement me rappeler qu'à une époque inconnue de ma vie, les mêmes choses, les mêmes aspects, les mêmes sensations m'ont été offerts, sans qu'il y manquât un seul accident. Alors il m'est donné de voir mon souvenir en tableau réel. Il est vrai que cette impression est fugitive, qu'à peine reçue elle s'évapore : mais l'ébranlement qui la suit est si fort que je ne puis me croire victime d'une illusion, et d'ailleurs peu de jours s'écoulent sans que cette secousse d'imagination ne soit renouvelée. Tu te rappelles la noce du seigneur Corsini, tu sais que je cédai à ta curiosité, et en descendant des vêpres de San-Pietro in Montorio, nous entrâmes dans le jardin du noble époux pour voir la fête...

— Oui, oui, je me souviens de ce jour, dit Stellina. Oh! que tu étais pâle en rentrant le soir à la maison!

— Tu vas voir, ma sœur. Le jardin Corsini était illuminé; la nuit était belle et embaumée de citronniers; les pins chantaient sur le flanc du Janicule; il y avait du plaisir et du bonheur dans l'air; je croyais habiter un autre monde. Nous nous promenions sous une treille et à l'écart de la foule; nous nous efforcions d'être heureux, à bien peu de frais, avec les parfums de la colline, la musique lointaine de la noce et le doux bruit des cascades. Je n'étais jamais entré dans le jardin Corsini, je n'avais jamais vu de ce côté ni Rome, ni le Janicule, ni les touffes de pins, ni les allées de citronniers. Eh bien! il se passa tout à coup dans l'air, dans le jardin, dans les reflets des lumières du bal sur la terrasse de marbre, dans l'accord de la musique, du chant et des eaux, il se passa quelque chose de mystérieux souvenir qui me cloua par les pieds sur le gazon où je marchais. Je te regardai, et tes yeux étaient dans les miens ; c'est la seconde fois de la vie que j'ai vu ainsi ta figure, doucement penchée en arrière, comme pour attendre un baiser d'époux; c'est la seconde fois que nous nous sommes arrêtés ainsi tous deux, quand les étoiles luisaient, quand les citronniers embaumaient l'air, quand on dansait sur le marbre, quand les vitres d'un palais renvoyaient le feu des lustres sur l'écorce des pins, quand une volupté irritante s'exhalait des robes de la femme, quand le cœur fondait l'amour, et qu'un mystère de passion langoureuse se révélait dans toutes les voix de la nuit. C'est la seconde fois, Stellina, que j'ai vu ce tableau, ou, pour mieux dire, je ne l'ai pas vu, je l'ai revu... Mais la première! la première! Oh! voilà l'abîme... Mais, bien sûr, ce n'est pas dans ma vie d'aujourd'hui, dans ma vie de mes dix-huit ans!

Ma sœur, ces pensées, ce délire, cette fièvre, ces révélations, tout cela me tue; c'est de la folie peut-être, et je suis assez raisonnable quelquefois pour le croire; mais, folie ou non, que m'importe, si une pareille maladie est mortelle! ne crois pas, au moins, que je redoute la mort; la mort sera peut-être le commencement de ma vie! Je me regarde comme un homme qui se serait fait une habitude de mourir,

Mais je ne suis pas seul, ma pauvre enfant! je veux vivre, puisqu'on appelle vivre ce que je fais ; je veux pourvoir à tes besoins, comme un père, ma bonne sœur! Tu as besoin de moi, eh bien! Stellina, je me guérirai. C'est l'air de Rome qui m'empoisonne ; rien de plus triste que la douleur de cette ville, si ce n'est sa gaieté. Moi, si impressionnable aux objets extérieurs, j'ai besoin, sans doute, de vivre sous un ciel plus riant, dans quelque résidence gaie et radieuse, comme on en trouve tant sur les bords de la mer. Il me faut la mer ; on dit qu'à Naples elle est bleue et belle à rafraîchir le sang d'un damné ; allons à Naples ; j'ai idée que nous serons heureux dans quelque cabane d'Ischia, sous quelque treille du Pausilippe. Demain j'irai voir Salvator Rosa, le Napolitain ; il aime les artistes ou paraît les aimer ; je lui demanderai des conseils, il m'en donnera, cela coûte si peu. Le trajet est court ; notre voyage sera bientôt arrangé. Y consens-tu, ma sœur? veux-tu aller à Naples?

Stellina embrassa Léontio.

— Nous partirons! dit Léontio : c'est Dieu, sans doute, qui m'inspire ce projet.

Ils étaient arrivés devant la porte de leur maison. C'était une rue bien solitaire ; toutes les lumières étaient déjà éteintes dans le quartier ; on ne distinguait que la lueur d'une lampe à travers les vitraux de Saint-Théodore ; on n'entendait que le bruit de la fontaine qui coule au bout de la rue, sur la lisière du Campo-Vaccino.

IV.

SALVATOR ROSA.

Par une triste matinée d'automne, Léontio sortit de la rue Saint-Théodore et traversa le Tibre dans une de ces petites barques qui étaient amarrées aux colonnes du temple de Vesta. Il gravit lentement le mont Janicule, et, parvenu au sommet, il entra dans l'église San-Pietro in Montorio pour entendre la messe. Le pauvre jeune homme, exilé du monde, aimait à se réfugier en Dieu; il s'agenouilla devant le tableau de la Transfiguration, de Raphaël, et le radieux chef-d'œuvre lui donna un peu de ce calme, un peu de cette sérénité douce que les beaux-arts portent avec eux. Léontio se comparait au jeune possédé du tableau, à cet enfant livide et torturé par l'esprit malin, et il levait ses yeux au sommet de la montagne pour rafraîchir son visage à cette resplendissante atmosphère où flottent les élus du Seigneur, à ce nuage céleste et limpide, doux à l'œil comme le crépuscule du ciel. Il sortit de l'église et s'assit sur une pierre de la plate-forme : il se sentait serein et léger, comme s'il était descendu du Thabor. La ville éternelle qui s'étendait sous lui avait emprunté au soleil levant une teinte jaune comme les feuilles tombées, teinte d'harmonieuse mélancolie, qui n'avait rien de lugubre, la seule peut-être qui soit supportable aux yeux de l'homme tourmenté; car elle n'a pas les rayons éblouissants et ironiques du bonheur, ni la sombre désolation qui conseille le désespoir.

Léontio était sur le point de renoncer à sa visite. Cette Rome, dont il avait tant médit la veille, lui apparaissait aujourd'hui avec cette majesté tranquille dont le parfum est une consolation. Elle avait bien souffert, cette reine des reines, cette Rome consulaire, cette Rome impériale, et pas une plainte ne s'élevait de son sein tout mutilé. Cité païenne ou sainte, ointe d'eau lustrale ou d'eau bénite, elle montrait la double palme du stoïcisme et du martyre. Qu'elle était belle ainsi, vue du Janicule, cette consolatrice des affligés ! Toujours en deuil comme Rachel et Niobé, toujours inconsolable, parce qu'ils sont morts, ses glorieux enfants, qui furent plus nombreux que les étoiles du ciel ; et pourtant quelle magnifique tolérance au cœur de la cité meurtrie ! Des mains chrétiennes ont prêté secours aux murailles croulantes du Colysée ; les fils des martyrs ont replacé pieusement au Capitole la statue du dieu, rougie encore du sang de leurs pères. Une main pacifique protége la pyramide de Caius Sextius et les catacombes voisines de Saint-Sébastien. Les ombres des consuls s'entretiennent avec les ombres des saints ; les colonnes triomphales fraternisent avec les clochers, les obélisques avec les dômes, les louves nourricières avec la croix. Léontio, à la veille de quitter Rome, s'avoua qu'il aimait cette ville ; il reconnut que toute plainte, tout malheur, d'imagination surtout, devait se taire et se résigner devant la capitale des ruines, la souveraine des tombeaux. Il avait déjà fait quelques pas pour descendre du Janicule, lorsqu'il s'arrêta brusquement devant le regard d'un inconnu assis sous l'*Acqua Paola*.

C'était un homme vêtu magnifiquement ; ses doigts étincelaient de rubis et d'émeraudes ; la soie, le velours, la dentelle, les pierreries, se combinaient sur sa personne avec un véritable goût d'artiste ; il portait une épée au fourreau de vermeil. Sa tête était plus remarquable encore que son costume de prince. Il y avait des muscles sur son visage pour tout exprimer; ses yeux flamboyaient de génie; ses lèvres avaient la contraction dédaigneuse de l'ironie perpétuelle; sa couronne de cheveux noirs donnait à sa physionomie un caractère sombre et menaçant.

— Vous paraissez bien triste, jeune homme, dit l'inconnu à Léontio; avez-vous perdu votre maîtresse?

Cette demande fut faite d'un ton si vif, si leste et avec un organe si impératif, que Léontio se crut obligé de répondre.

— Seigneur, dit-il, je vous remercie de l'intérêt obligeant que vous me portez sans me connaître. Malheureusement je n'ai rien à répondre à Votre Excellence.

— Mon ami, dit vivement l'inconnu, je ne suis pas noble et ne me soucie point de l'être; je suis ton égal; parle-moi sans crainte ni réserve: as-tu besoin d'un service? veux-tu de l'argent? Ta figure me plaît; tu as dans l'œil le feu de l'artiste; ta joue est pâle, non de souffrance, car tu es fort, mais de pensée, car tu es nerveux. Confie-toi à moi; voyons, parle: je veux t'obliger.

— Mais à qui suis-je redevable de tant de bonté gracieuse?

— T'ai-je demandé ton nom pour te rendre un service? pourquoi me demandes-tu le mien? Mais je respecte ton scrupule; tu dois être candide et bon. Je suis Salvator Rosa. Maintenant acceptes-tu mes offres?

A ce nom, Léontio s'inclina de respect.

— Maître, dit-il avec émotion, c'est Dieu sans doute qui m'a conduit par la main devant vous: Je vous cherchais. Je sais que vous êtes obligeant pour les artistes. Je suis peintre par goût et par métier; ma sœur et moi nous vivons du pinceau; je travaille pour le seigneur Corsini, dont on voit d'ici le palais. Un besoin de voyage se fait sentir en moi. Rome est la seule ville que je connaisse; car je ne compte pas Ostie, où je suis né, si je suis né quelque part. Je veux voir Naples et la mer; c'est plus qu'un désir : c'est un besoin. Mon existence, qui appartient à ma sœur, est peut-être attachée à ce voyage. Vous, maître, qui êtes Napolitain, vous me donnerez des conseils et des instructions : c'est tout ce que je réclame de votre bonté. J'ai de l'argent assez pour vivre, si c'est vivre, ce que je fais.

Salvator Rosa regardait fixement Léontio sans lui répondre, et Léontio, en attendant la réponse, écrivait le nom de Stellina, du bout du doigt, sur la nappe d'eau claire et unie de la fontaine de Paul. Salvator ne cessait de considérer le visage de Léontio que pour lever ses yeux au ciel, comme pour se rendre compte d'un souvenir confus.

— Quel est ton nom? lui demanda-t-il d'un air soucieux.

— Léontio. (*Et il sourit.*)

— Léontio! Oui, je crois que c'est bien cela. Mais il y a tant de Léontio! Et ton nom de famille?

(*Après un soupir.*) — Toujours Léontio.

— Où demeures-tu à Rome?

— Rue Saint-Théodore, vis-à-vis l'église.

— Te souviens-tu de m'avoir vu, Léontio, avant cette rencontre?

— Jamais.

— Eh bien! moi, je t'ai vu, mais il y a bien longtemps. Où? je n'en sais rien; tous mes souvenirs se confondent. Quel âge as-tu?

— Dix-huit ans.

— Dix-huit ans! (*Salvator baissa la tête et ferma les yeux pour se recueillir.*) Oh! je t'ai vu, je t'ai vu! Tu as une sœur, dis-tu? Comment se nomme-t-elle?

— Stellina.

(*Salvator fit un mouvement de surprise.*)

— Est-ce bien ta sœur?

— Mais oui.

— Ta femme peut-être, ta maîtresse.

(*Léontio lança un regard terrible à Salvator.*)

— Oh! ne t'offense pas de ma demande, mon jeune ami : je ne l'ai pas faite par un caprice de curiosité. Le nom de ta sœur me frappe, je l'ai entendu dans ma vie, je crois même l'avoir écrit, mais il me semble qu'elle n'était pas la sœur de l'autre. Ma mémoire me trahit, je ne sais plus où j'en suis. Elle est brune, ta sœur, n'est-ce pas, avec des yeux?...

— Non, ma sœur est blonde.

— Oui, oui, oui, blonde avec des yeux noirs, une figure d'ange.

(*Léontio se tut et pâlit*).

— Ma foi! je suis complétement désorienté, mon cher Léontio ; je perds la piste de mes souvenirs. Il est vrai que j'ai une vie si pleine qu'il n'y a pas de place pour tout dans ma tête. C'est une confusion d'objets... Tu es bien pâle, Léontio, souffres-tu?

— Non.

— Ta figure se décompose, ce n'est plus celle d'un être vivant. Oh! laisse-moi prendre au vol cette expression de terreur, ce reflet de l'autre monde. (*Il déroula une feuille de papier et saisit son crayon.*) Je ne te demande qu'une minute ; jamais je ne retrouverai ce bonheur de modèle. (*Il dessina.*) Il y a dans ce cœur une pensée d'enfer. Je ne me doutais pas de rencontrer mon fantôme à l'Acqua Paola. Tous ces Italiens ont un rire éternel sur les lèvres. Enfin j'en ai trouvé un, sérieux comme Satan. J'aurais donné trente écus d'or pour cette séance. Tiens, regarde mon croquis, Léontio. Je vais t'immortaliser. Remercie le hasard. Voilà ta tête, je vais la prêter à mon spectre de Samuel évoqué par la pythonisse d'Endor. Mon tableau représente le moment où tu sors du tombeau.

— Assassin ! s'écria Léontio d'une voix tonnante, tais-toi, ou je te tue d'un coup de poignard.

Salvator Rosa demeura interdit ; il se laissa arracher le croquis de la tête de Samuel, que Léontio déchira brutalement. Revenu de sa surprise, le peintre riait aux éclats et rappelait Léontio ; mais le malheureux jeune homme descendait la pente rapide du Janicule avec tant de précipitation, qu'on eût dit qu'une pensée de désespoir le poussait au Tibre.

Léontio reparut devant sa sœur tout haletant de sa course et de son émotion. — As-tu vu Salvator Rosa ? demanda-t-elle. — Oui. — T'a-t-il bien reçu ? — Oui. — Il t'a donné de bons conseils ? — Oui. — Partons-nous pour Naples ? — Oui. — Et quand ? — Demain.

Quatre jours après, Léontio entrait avec Stellina dans la modeste hôtellerie de la *Lyre d'Apollon,* sur la place des Pins, à Naples.

V.

LA CHARTREUSE SAINT-MARTIN.

Naples est une ville qui peut donner à l'étranger tout ce que l'étranger lui demande ; cette Venise de la Méditerranée est folle ou sérieuse comme sa sœur de l'Adriatique ; elle a du fracas et du silence, des fleurs et des laves, de l'ombre et du soleil, des rues de palais et des rues de tombeaux, des montagnes décharnées et des îles toutes rouges d'oranges, toutes dorées de cédrats. A Naples, le malheur ressemble au bonheur du reste de la terre ; à Naples, le bonheur vaut mieux que son nom. A Naples, l'homme qui peut dire : Je suis heureux, fait envie à Dieu même. Un jour de caprice, la nature voulut faire un paysage complet; elle dessina mollement des collines; elle arrondit un golfe gracieux, elle le remplit des plus belles vagues que la mer ait azurées; elle fit flotter sur ces vagues des îles de fleurs et de palmiers; elle fit monter en amphithéâtre les bois de pins, les treilles aux larges pampres de vignes, les touffes de citronniers, les acacias aux diaphanes ombrages, les arbres de Grenade et de Judée qui mêlent leurs teintes rouges aux jasmins du Guadalquivir; la nature fit Naples, Misène, Sorrente, le Pausilippe, Ischia. Un démon en fut jaloux; il jeta le Vésuve devant la cité voluptueuse; et Naples accepta le volcan comme le complément philosophique du paysage. Le volcan résume en lui toute la sagesse des poëtes latins; c'est lui qui crie par la voix de son cratère : — O vous qui vivez, cueillez le jour comme une fleur; la fleur dure peu; jouissez-en quand elle est fraîche : mortels, usez de la vie; la vie n'est faite que de peu de jours; aimez et riez aujourd'hui; demain il vous faudra passer le Styx.

Plus d'espoir de vie heureuse au monde, quand on ne l'a pas au moins entrevue à Naples. Léontio, qui s'était exilé de Rome, trouva quelque ombre de quiétude sous la treille du Pausilippe. Il s'occupait de son art avec délices; la peinture devint pour lui plus qu'une distraction, ce fut une véritable volupté d'artiste. Le soir, accompagné de la rêveuse Stellina, il allait étudier ces admirables teintes d'horizon, ces mobiles reflets de colonnes sur les vagues, ces fantastiques embrasements de forêts marines, ces sommets rayonnant au-dessus des vallons déjà sombres, tout cet ensemble de flottante et vaporeuse lumière qui accompagne le soleil de la mer à son couchant. Il s'en revenait ensuite à son humble hôtellerie avec des idées moins tristes et une provision de sérénité pour le sommeil de sa nuit. Mais l'ardent jeune homme rapportait aussi de sa promenade un mystérieux besoin d'amour, dont il s'expliquait trop bien la cause secrète. Tous ses regards n'avaient pas été donnés aux paysages du golfe ; il s'était réservé des distractions pour des accessoires délicieux qui le poursuivaient encore à travers le faubourg de Chiaïa. Il avait vu passer sur les chaloupes de gracieuses et souples images, de fraîches figures aux cheveux flottants, de doux nuages de satin et de soie ; apparitions enchanteresses qui se mêlaient avec tant de bonheur à l'éclat limpide du golfe, à la molle langueur des collines dorées, aux lits de gazon baignés par la vague, aux grottes secrètes du promontoire lointain. Rentré chez lui, il s'asseyait comme un homme brisé par la fatigue ; il n'était qu'épuisé de désirs. Alors Stellina posait la lampe sur une table, et avec l'innocent abandon d'une sœur elle enlaçait la tête de Léontio dans ses bras nus et collait ses lèvres sur son front.

— Ma sœur, lui disait quelquefois Léontio, tes caresses me font mal, le soir, à la clarté de cette lampe. Je n'ose, moi, t'embrasser que le jour : laisse-moi seul, Stellina, j'ai trop besoin de me rappeler que tu es ma sœur. C'est une idée douce, n'est-ce pas ? Eh bien ! elle me tue...

La jeune fille rougissait ; elle ne trouvait aucun mot pour répondre. Léontio la regardait sortir et n'avait pas la force de la rappeler ; il écoutait avec une sorte de volupté criminelle le bruit des pas de sa sœur ; une faible cloison la séparait de lui ; il prêtait l'oreille à la psalmodie touchante de sa prière du soir, au frôlement de sa robe tombée, au murmure du lit mollement pressé par la jeune fille, à son dernier baiser sur l'image de la madone. Léontio ouvrait la croisée pour rafraîchir ses lèvres à la brise nocturne de la mer ; mais la brise, chargée d'amour et de parfums, ne lui apportait que tentation et délire. S'il s'endormait un instant, c'était sa sœur qu'il voyait en rêve ; sa sœur, plus belle que la plus belle Napolitaine ; sa sœur, assise au bord de la mer, comme une amante au rendez-vous, et l'appelant par son nom avec une voix languissante d'amour. Léontio se réveillait en sursaut et se jetait à genoux pour demander pardon à Dieu de l'inceste qu'il n'avait pas commis.

Un matin, après avoir combattu les fantômes de la nuit, il dit à Stellina de le suivre. Il voulait se purifier à l'air béni de la montagne des Chartreux ; c'était le jour des Rogations, fête pleine de poésie et de grâce.

Ils arrivèrent avant le lever du soleil à cette magnifique Chartreuse que la piété de Charles d'Anjou a élevée à la gloire de saint Bruno. La cérémonie de la bénédiction allait commencer. Rien n'était consolant et beau comme ce cloître aux colonnes de marbre dans le doux éclat des rayons d'un matin printanier. Les grandes et sublimes figures peintes par l'Espagnolet semblaient vivre et jouir dans ce parvis du ciel. Léontio pleurait de joie ; la volupté de la religion lui donnait de pures extases. On ouvrit les portes de l'église à deux battants ; toutes les harmonies de la montagne, tous les parfums du golfe, tous les rayons du soleil levant entrèrent à flots sous les nefs de la Chartreuse. Le religieux célébrant s'avança sous le portique, et il bénit les fruits de la campagne, il bénit la ville et la mer.

Léontio ravi de bonheur s'écria : — Quelle demeure délicieuse !

— *Transeuntibus* (1) ! dit une voix claire et lente derrière Léontio.

— C'est un mot bien profond, s'il est vrai, dit tout bas le jeune homme, et il suivit dans une chapelle écartée

(1) Pour ceux qui passent.

et déserte le chartreux qui avait prononcé le mystérieux *transeuntibus*.

Le religieux se retourna au bruit des pas de Léontio ; en ce moment des gerbes de rayons illuminaient les figures de Léontio et de sa sœur.

Léontio ne voulait que satisfaire sa curiosité ; il avait vu le visage du chartreux, et il lui demandait sa bénédiction. Le religieux croisa vivement ses bras sur sa poitrine, puis les leva vers la voûte, en les secouant, comme avec des convulsions nerveuses ; sa figure devint pâle ; Ressuscités ! s'écria-t-il d'une voix si forte qu'elle eût fait scandale dans l'église, si elle n'eût été couverte par le chœur des Litanies des Saints.

— *Ressuscités !* dit Léontio en frissonnant, qui ?

— Toi, elle, vous deux.

— Que dites-vous, mon père ?

— D'où sortez-vous, fantômes ; c'est ici la maison de Dieu ; les spectres doivent s'arrêter sur le seuil.

— Mon père, mon père, ayez pitié de moi, ayez pitié de ma sœur !

— Elle, ta sœur ! vous avez donc divorcé dans l'enfer ?

— Oh ! mon père, grâce pour nous ; bénissez-nous.

— Que je bénisse les fantômes de Léontio et de Stellina !..

— Il nous connaît ! Il nous connaît ! O mystère de mort !

— Oui, mystère ! Mystère pour toi, mystère pour moi ; eh bien ! nous l'éclaircirons. Que vous soyez morts ou vivants, il faut que tout s'explique. écoutez : Voyez-vous cette crête qui s'abaisse devant le Vésuve ! Voyez-vous cette touffe de grands pins qui sort d'une ruine, là-bas, de l'autre côté du golfe ; c'est Ottayano. Ce soir vous vous y rendrez à six heures, et vous m'y attendrez. Si je vous y trouve, c'est une preuve que vous êtes vivants et ressuscités ; alors... j'aurai des devoirs à remplir... Si vous manquez à ce rendez-vous, je rentre à la Chartreuse, et je n'en sors plus. On a les yeux sur moi ; partez.

Léontio et Stellina descendirent lentement de la Chartreuse, muets et abattus ; on aurait dit que la foudre était tombée sur eux, en leur rendant une vie stupide. De temps en temps, Léontio laissait tomber nonchalamment de ses lèvres ces mots : *Ce soir... à six heures ; Ottayano.*

Le fracas de Naples lui fit du bien cette fois ; en rentrant dans la ville il retrouva quelque énergie ; il releva fièrement sa tête, qui s'était courbée depuis le cri du chartreux. — Ma sœur, dit-il, il faut aller jusqu'au bout du mystère ; prenons quelque nourriture et un peu de repos ; partons ensuite pour Ottayano le plus tôt possible. Je veux y arriver bien avant l'heure du rendez-vous.

Le printemps donnait une de ces délicieuses soirées aux fraîches collines qui couronnent la vallée d'Ottayano. La mer, obliquement éclairée par le soleil, avait un calme vif et doré ; la verdure des îles se balançait au souffle du soir ; le Pausilippe riait au golfe ; la ville jetait ses clameurs gaies et sonores ; le flot et la côte semblaient s'amollir de langueur amoureuse devant les orangers de Sorrente : Ischia rayonnait de vagues à paillettes d'or et d'arbres illuminés ; Procita échangeait avec elle des parfums et des chants. Naples, la sirène lascive, n'avait pas assez de son amphithéâtre pour s'étendre voluptueusement au soleil ; elle envoyait ses mille barques sur son golfe, sur ses plages, sur ses promontoires. L'air était tout palpitant de vie et parlait une langue d'amour, en agitant les voiles, les cordages, les banderoles, les pavillons : le Vésuve paraissait attendri de cette joie de la nature ; une légère fumée aux teintes de l'iris et de la rose s'élançait mollement du cratère. C'était comme l'emblème d'un remords presque éteint dans le cœur d'un homme heureux.

— Parle-moi, mon frère, disait la jeune fille à Léontio ; est-ce que cette belle soirée ne te réconcilie pas avec la vie ? sais-tu qu'il est doux de vivre ici ; que l'air y est bien léger, que tout ce qu'on y respire, tout ce qu'on y voit ressemble au bonheur ; n'est-ce pas, Léontio ?

— Oui, oui, ma sœur, tout cela ressemble au bonheur ; mais tourne tes yeux ; le vois-tu là ce mont qui menace et qui brûle ? Oui, oui, fie-toi au bonheur ; ce n'est pas l'ange de Tobie qui veille sur nous, c'est un spectre ; quand il nous garde contre un mal, c'est pour nous réserver pis. Fille oublieuse ! enfant ! Mais ne sais-tu pas pourquoi nous venons ici ; crois-tu que ce soit pour y jouir, contempler, vivre d'extase, boire les parfums de cet air, comme cet heureux oiseau qui chante sur nos têtes ? Ne sens-tu pas l'immensité de cette dérision que la fortune nous crie par toutes les voix du bonheur ? oublies-tu qu'il manque un acteur à cet éblouissant spectacle ; un acteur, noir comme le cratère de ce volcan, et qui tantôt, en arrivant ici, éclipsera notre soleil comme le crêpe d'un ouragan. Pauvre Stellina ! elle s'abandonnait à l'extase ! je sais me tenir en garde, moi, contre ce mensonge qui nous entoure. En m'asseyant ici, sous ce pin, je n'ai encore rien vu de ce qui t'a éblouie, toi ; Naples, son golfe, ses îles, son port, ses collines, je les abandonne à d'autres yeux que les miens, à des yeux qui n'ont point de larmes ; ce que j'ai vu et bien vu, le voilà : c'est ce château en ruines ; il y a dans ces murailles détruites quelque mystère de mort qui empoisonne cet air, ces pins, ces îles, ces vagues. Qu'est-il devenu le maître de ce domaine ? A lui aussi cette mer était belle, ce ciel lumineux, cette atmosphère voluptueuse ; il n'y a pas toujours eu de l'herbe dans les fentes de cette terrasse ; ce marbre a palpité sans doute sous l'ivresse d'un bal d'été ; que de figures de femmes se sont épanouies à ces balcons qui croulent! et tout cela, ma sœur, a passé comme cette ombre de fumée qui glisse sur la Somma. Les ruines restent; oh! les ruines restent toujours; la vie est dans elles; les ruines ne meurent pas.

(*Après une pause :*) Il tarde bien, cet homme, de paraître! est-ce que je me serais trompé? ne serait-ce pas ici le lieu qu'il m'a désigné?

Pendant que Léontio faisait cette réflexion en jetant ses yeux autour de lui pour s'assurer de l'exacte désignation des localités, un vieillard sortit d'une porte qui s'ouvrait au pied d'une tour. Son costume annonçait la plus grande misère, et pourtant à sa démarche, à sa coiffure, au genre même de ses haillons, il paraissait appartenir à une classe au-dessus des paysans de la Campagne de Naples. C'était comme un fantôme de concierge, couvert des insignes en lambeaux d'une domesticité opulente. Il fit quelques pas sur la terrasse, les bras en croix sur la poitrine, la tête tantôt basse, tantôt relevée en arrière, comme s'il eût regardé le zénith. Puis, s'arrêtant tout à coup sous un balcon lézardé, il tira des larges basques de son pourpoint une petite mandoline sans cordes et chanta d'une voix chevrotante ce couplet:

> Laisse tes persiennes vertes
> Entr'ouvertes
> Au balcon des corridors;
> Que toute harmonie arrive
> De la rive
> Jusqu'à l'alcôve où tu dors.

Le vieillard essuya ses yeux pleins de larmes avec le bois de sa mandoline et continua sa promenade sur la terrasse, les bras croisés, tantôt regardant la terre, tantôt le ciel. Il n'apercevait pas les deux jeunes étrangers qui s'avançaient pour lui parler.

— Excusez-moi, mon père, si je vous suis importun, dit Léontio en s'adressant au vieillard ; est-ce bien Ottayano qu'on nomme cette partie de la montagne ?

Le vieillard s'arrêta tout frissonnant, comme si une voix l'eût réveillé en sursaut ; il fixa sur Léontio et Stellina des regards égarés : ses bras retombèrent lourdement, sa poitrine se gonfla ; les veines de son cou se teignirent de noir ; un souffle bruyant murmura dans sa gorge et dans ses narines ; puis sa figure s'épanouit dans un accès de gaieté délirante, et il s'écria d'une voix tonnante : — Stellina ! Léontio ! ah ! mon bon Dieu ! ah ! je le savais bien que vous n'étiez pas morts ! non, les anges ne meurent pas ; mes honnêtes enfants ! mes jeunes maîtres ! et d'où venez-vous ? que vos habits sont laids ! Stellina, qu'avez-vous fait de la robe espagnole qui vous allait si bien ! On danse, on danse partout, c'est le jour de votre mariage ; vous êtes bien pâle à la noce, jeune épouse ; prends garde au moine, beau mari ; le voilà ! le voilà ! on t'empoisonne, Léontio !

— Oh ! s'écria Léontio étouffé par une émotion non ressentie encore ; oh ! suis-je éveillé, Stellina ! Ma sœur, ma sœur, secoue-moi, secoue-moi, mords ma main, brise mon front avec un caillou, je veux me réveiller !

Stellina poussait des cris sourds et embrassait son frère.

C'était comme un horrible trio de fous : le vieillard riait des lèvres, les yeux fixes et vitrés ; Léontio, la chevelure secouée par l'agitation continuelle de sa tête, et voilant à demi son pâle visage ; Stellina se collant à la poitrine nue et brune de Léontio et l'inondant de pleurs.

— Impossible ! impossible ! s'écria Léontio, la réalité a menti ; c'est une infâme trahison ! tu es un bandit de comédie, vieillard, on t'a aposté ici pour faire ton jeu ; laisse-moi, Stellina, laisse-moi le tuer d'un coup de poignard.

Le poignard étincelait dans la main nerveuse de Léontio, et l'écume tombait de ses lèvres verdâtres. Le vieillard n'eut pas la moindre émotion ; il ne recula pas, il n'étendit point ses bras pour parer le coup ; un calme sourire de bonheur glissa sur sa figure ; ce fut Léontio qui recula.

— Mes bons enfants, dit le vieillard avec un accent mélancolique, oh ! combien je vous ai pleurés ! les larmes ont brûlé mes yeux. Vous revenez d'un long voyage, n'est-ce pas ? Venez vite ; vos nobles parents vous attendent. Voyez comme le château s'est paré pour vous recevoir. C'est moi qui ai arboré sur cette tour le pavillon de Léon et de Castille : comme il fait bien au vent ce pavillon ! avez-vous vu la chambre nuptiale ? Oh ! elle donne du plaisir !.. Il y a les deux plus beaux cadavres...

— Tais-toi, tais-toi, génie d'enfer ! s'écria Léontio. Mais que me veut ce spectre de vieillard ? Fantôme, rentre dans ta tour. Viens, Stellina ; descendons à la ville... J'ai peur.

— Je ne vous quitte plus, mes jeunes maîtres, je vous suis partout ; ne me refusez pas la grâce de mourir auprès de vous.

— Va-t'en, va-t'en ! tu te feras tuer...

— Ah ! vous êtes bien ingrat, Léontio. C'est moi qui ai cousu de mes mains votre suaire...

Stellina n'eut que le temps de détourner le coup de poignard ; il glissa sur le bras du malheureux insensé, et le sang jaillit sur ses haillons.

— Mon frère ! mon frère ! tu te fais assassin ! O mon Dieu ! veille sur sa raison !

Le vieillard ne remarqua ni le coup de poignard, ni le sang qui coulait de son bras. Léontio s'était un peu calmé à la vue du sang ; il s'approcha du vieillard avec intérêt, pour visiter sa blessure, et en lui parlant avec douceur.

Le vieillard repoussa de la main la main de Léontio; une rougeur écarlate resplendit sur ses joues ridées; des éclairs jaillirent de l'azur orageux de ses yeux. Non! non! s'écria-t-il d'une voix retentissante, non! vous n'êtes pas mes jeunes maîtres! Ils sont morts, et bien morts; j'ai senti, moi, l'odeur de leurs cadavres quand ils pourrissaient au soleil. Vous êtes deux spectres sortis de l'enfer avec les figures de Léontio et de Stellina. Oh! qu'ils ressemblent bien à des spectres, surtout celui-ci! Oh! quelle odeur de soufre ils portent avec eux! Partez, Satan, démons! Frère Gandolfo, viens dire les prières de l'exorcisme! Oh! l'enfer! Comme ils grincent des dents! Léontio crache des lézards! Fantômes! fantômes! hors d'ici! Oh! elle est belle celle-là; mais voyez ses cheveux : ce sont des couleuvres; sa langue est une flamme d'arsenic! Las Vegas! Ottayano! venez lapider ces fantômes qui ont volé la chair de vos enfants! San Stefano vous fournira les pierres. On les a empoisonnés, vos enfants; c'est le bourgeois Marco Théona, en habit de moine, qui a versé le poison. Il a bien fait le moine Marco. N'est-ce pas Las Vegas qui, par jalousie, a mutilé Théona, le jour même où Théona épousait sa belle Romaine? J'ai été témoin du crime, moi. Le moine s'est vengé. Théona s'est vengé : crime pour crime. Théona n'était pas de sang noble, lui! on l'a traité comme un pourceau : Théona s'est vengé, il a bien fait. Bravo, Théona!

Et le vieillard marchait d'un pas précipité vers les ruines, les bras levés au ciel, en criant: Bravo, Théona!

Un autre acteur arrivait.

C'était le chartreux en habit de paysan; il montait lentement le petit sentier et se dirigeait vers Léontio.

— Suivez-moi, dit-il d'un air mystérieux.

Le chartreux marcha vers les ruines du pas résolu

d'un homme qui sait où il va. Il traversa une petite cour toute jonchée de pierres et de broussailles; il entra dans un vestibule plein de décombres, où paraissait suspendu l'escalier qui conduisait aux appartements supérieurs. Les premières marches en avaient été détruites; il suppléa aux marches écroulées en amassant des pierres sous les débris de l'escalier, avec l'aide de Léontio. Stellina eut de la peine à les suivre sur ces degrés mouvants et improvisés. Enfin elle atteignit la rampe qui tremblait sous les mains convulsives de Léontio. Les trois acteurs de cette scène, parvenus au premier étage, traversèrent une galerie dévastée, dont les fresques avaient presque entièrement disparu. On lisait sur les murs d'atroces injures contre les Espagnols; elles paraissaient écrites avec du sang. Au bout de la galerie était une porte murée; l'étranger s'arrêta devant et tira des plis de son manteau un énorme instrument de fer.

Une brèche assez large fut faite en un instant. L'obscurité régnait dans cette salle, dont la fenêtre avait été murée comme la porte. L'inconnu entra le premier et démolit le mur bâti contre les volets.

— Entrez, dit-il à Léontio; il fait grand jour maintenant, et il laissa tomber son marteau de fer. Léontio, Stellina, reconnaissez-vous cette chambre?

Stellina était mourante; elle s'assit sur un fauteuil et ne répondit pas. — Comment voulez-vous que je la reconnaisse? répondit vivement Léontio; je ne suis jamais venu à Naples, et cette salle est fermée depuis bien longtemps.

— Eh bien! dit froidement l'inconnu, c'est votre chambre nuptiale, c'est la chambre où vous êtes morts.

— Ah! quand ce rêve finira-t-il! murmura tout bas Stellina. Léontio était au désespoir et regardait autour de lui avec des yeux effrayants.

— Il s'est commis un crime, dit-il, oui, un crime;

ce marbre l'atteste ; ce marbre a bu du sang ou la sueur d'une double agonie ! On reconnaît là les traces de deux cadavres.

— Oui, tu dis vrai, Léontio ; c'est ici où tu as été empoisonné, toi et ton épouse ; voilà la trace du cadavre de Stellina, voilà la trace du tien. Ces deux flambeaux ont éclairé ta dernière nuit ; ces habits sont les tiens ; ces robes sont celles de ta femme ; vous pouvez les revêtir : ils iront à votre taille ; voilà ton épée, dont la poignée d'argent figure la lettre L. Reconnais ton chiffre, Léontio. Voilà le lit nuptial ! tu n'y as jamais dormi, jeune époux !

— Songe d'enfer ! s'écria Léontio au comble du délire ; sainte Vierge, à mon secours ! Est-ce qu'il ne me semble pas maintenant que je reconnais cette chambre ? Ce souvenir a été fugitif comme l'éclair, mais j'ai eu le temps de le saisir, Stellina !..

— Viens, viens, mon frère ; sortons, sortons, ou je meurs ici, oui, j'y meurs !..

— Pour la seconde fois, dit l'inconnu avec un grand calme.

Jamais figure d'homme n'exprimera le mouvement intérieur de Léontio à cette réponse poignante de sang-froid.

L'inconnu continua :

— Jeunes gens, ce n'est rien encore ; vous êtes ici en mon pouvoir, vous n'en sortirez qu'après avoir tout vu. Je vous épouvante, n'est-ce pas ? Il faut que tu sois bien lâche, non pas toi, faible femme, mais toi qui as déjà le regard de l'homme, et qui parais en avoir le cœur ; regarde si j'ai l'air de trembler, moi. Léontio ! regarde ma figure, elle est sereine, mes doigts n'ont pas de convulsions, mon pouls est calme ! Je suis dans un lieu où tout me rappelle une épouvantable nuit, une nuit comme les étoiles n'en éclaireront plus ; eh bien ! je suis à mon aise. Et pourtant, lorsque je vous vois tous deux là, devant moi, devant ces portraits, devant ces vêtements de noces, je suis moins sûr de mon existence que de votre mort. Pour moi, vous êtes deux horribles fantômes échappés du tombeau afin de troubler ma vie. Tu dis que tu crois rêver, Léontio! et moi je ne puis pas même me rassurer avec cette idée du songe, car je n'ai pas ton imagination folle, moi. Je me rends fort bien compte de mon état; je sais que tout est réalité dans ce que je vois, et ce que je vois, je ne le comprends pas. Léontio, il y a dix-huit ans passés que je me suis enfermé dans la chartreuse Saint-Martin; là, je ne me suis occupé que de Dieu et de toi. Ce que le monde a fait dans ce temps, je l'ignore et m'en soucie fort peu; je n'ai pensé qu'à ce que j'ai fait, et surtout à ce qui m'a été fait. J'ai cherché dans le calme d'une chartreuse une distraction à mes souvenirs, un remède à mes maux, un pardon à mes... fautes. Après dix-huit ans, je touchais à la guérison. Je t'ai vu hier, toi et ta femme!.. Que maudit soit le jour d'hier. C'est le démon du fort Saint-Elme qui vous a conduits par la main à la chartreuse! Mes dix-huit ans de résignation sont perdus! Il faut que je me mette à la piste d'une énigme, et si j'en trouve le mot, il faut que ma main soit esclave d'un ancien serment fait sur la tombe de ma femme! il faut que je ramasse cette aiguille d'or et qu'avec sa pointe j'écrive, pour la seconde fois, un mot sur la poitrine d'un cadavre. Tout cela n'est pas bien clair pour toi, Léontio; mais ces murs me comprennent, ces marbres tremblent en m'écoutant, les rideaux de cette alcôve frissonnent. Oh! Dieu m'en est témoin, si je forme un vœu à cette heure, c'est que ta chair ne soit point de la chair, c'est que la chair de ta femme ne soit pas une chair de femme; soyez spectres tous deux pour me rendre innocent. Rassure-moi, Léontio; n'est-ce pas que tu viens de sortir de la tombe? Te souviens-tu d'avoir vécu au soleil? Non, non, ton corps n'est que l'apparence d'un corps, n'est-ce pas? Laisse-moi toucher les cheveux de ta femme.

— Misérable! je t'étrangle, si ton regard seulement souille ma sœur!

— Oh! ne t'alarme pas, Léontio; ma main ne peut rien sur une femme : elle est froide comme celle d'une statue! Si le cœur d'une femme pouvait palpiter sous ma main, nous ne serions pas ici occupés à nous servir d'épouvantail mutuel.

— Oh! s'écria Léontio, voyons, qu'as-tu à me dire encore? Ma sœur a besoin de repos; délivre-nous de toi et de ton attirail de mort; je suis las de t'écouter, voici bientôt la nuit...

— Ah! tu es las de m'écouter! dit l'inconnu avec un aigre sourire; ce n'est pas du sang de fantôme qui coule dans tes veines! tu n'as pas la froideur du tombeau, bouillant jeune homme; tant pis! Eh bien! si tu n'écoutes pas, regarde!

Et il arracha lestement les voiles noirs qui couvraient les deux portraits; on aurait dit qu'ils avaient été peints la veille : ils étaient frappants de ressemblance, de formes, de taille, avec Léontio et Stellina.

— Pour compléter la ressemblance, ajouta l'inconnu, ramassez vos habits de noces et revêtez-les.

Stellina se leva, fit le signe de la croix et retomba sans connaissance sur le fauteuil; le cri de l'effroi s'arrêta entre les lèvres béantes de Léontio. Les doigts de sa main gauche se crispaient dans les larges touffes de ses cheveux. Il s'évanouit.

V.

LE TOMBEAU.

Stellina était revenue de son évanouissement ; assise sur le marbre, elle avait posé sur ses genoux la tête de Léontio et la couvrait de larmes. Léontio semblait dormir ; sa respiration s'entrecoupait de soupirs et de cris sourds : c'était une léthargie, sans doute, pleine de rêves pénibles. Stellina n'osait interrompre ce mauvais sommeil qui, du moins, était une sorte de trêve, une apparence de repos.

La lune était réfléchie dans une glace de la chambre, et semblait regarder le groupe fraternel tout illuminé de ses mélancoliques rayons. Cette triste veillée s'éclairait ainsi au flambeau du soleil des ruines. La jeune fille, protectrice du sommeil de Léontio, avait trouvé dans cette fonction si douce un courage bien au-dessus de sa faiblesse ordinaire. En reprenant ses sens, elle n'avait plus revu le chartreux ; et quoiqu'elle craignît, à chaque instant, de le voir entrer, elle se trouvait presque heureuse d'être délivrée de la présence de cet homme mystérieux. Léontio fit un léger mouvement de tête et ouvrit les yeux ; la figure penchée de Stellina qui le regardait lui rendit un peu de force au cœur.

— Où sommes-nous ? s'écria-t-il d'un air égaré ; dis, Stellina, où sommes-nous ?

— Tu es auprès de moi, mon frère, répondit la jeune fille avec une voix plus harmonieuse que le son de la lyre qui endort les douleurs.

La voix de la femme a été notée pour embaumer

la souffrance; la voix de la femme est un écho du ciel.

Léontio baisa les mains de Stellina en versant d'abondantes larmes : tout à coup il jeta de rapides regards autour de lui et dit d'une voix basse et tremblante : Où est-il le spectre de la chartreuse? sommes-nous seuls?

— Oui, oui, mon frère; il y a déjà trois heures que je garde ton sommeil, et personne n'est plus entré ici. J'ai entendu deux voix là-bas, sur la terrasse; une de ces voix m'est connue, c'est celle du chartreux; l'autre, je ne l'ai jamais entendue; elle est forte, brusque et hautaine. Si j'avais pu t'abandonner un seul instant, je me serais rapprochée de la croisée ouverte, pour écouter leur conversation; de cette place, je n'ai pu entendre que des mots sans suite ; nos noms étaient souvent prononcés par ces deux hommes. Il y a bien longtemps qu'ils sont partis, du moins je le présume, car je n'ai plus entendu que le souffle de ton sommeil.

Léontio marcha vers la croisée et regarda la campagne. Pas un être vivant n'animait ce désert; la brise était suave à respirer; l'aube blanchissait déjà la cime des grands pins; on entrevoyait quelques barques qui cinglaient d'Ischia vers Misène; l'alouette lançait à l'air des notes claires, veloutées, joyeuses; c'était la seule voix qu'on entendît sur le sommet silencieux d'Ottayano. Stellina, qui s'abandonnait avec sa légèreté de jeune fille aux douces impressions du moment, aussi oublieuse du passé qu'imprévoyante du plus proche avenir, Stellina disait à Léontio : — Mon frère, ce charme de l'aube me fait un plaisir doux comme une de tes caresses; je n'ai jamais vu la nature si belle. Dans la maison où nous avons passé notre enfance, j'ai vu la mer bien des fois; mais cette mer était triste, et la montagne mélancolique. A Rome, je n'ai jamais joui de la fraîcheur de l'aube que dans notre rue de Saint-Théodore : de notre croisée on voyait des ruines noires, de vieux murs de briques et de pauvres gens qui allaient au travail avant le soleil, pour se faire la journée plus longue. Ici, regarde comme tout est beau; respire comme tout est parfumé. Oh! viens, oublions tout, descendons là, dans ce bois ; allons voir lever le soleil, au bord de cette montagne qui s'avance vers la mer. Viens, mon frère, cela te fera du bien.

Léontio, la tête encore bouleversée, se laissa entraîner par Stellina. Ils descendirent l'escalier en ruines et arrivèrent sur l'esplanade.

Ils marchaient au hasard, silencieux et craintifs; au moindre bruit, Léontio saisissait son poignard, et la flamme lui montait au visage. Il y avait assez de clarté déjà pour distinguer tous les objets voisins.

Un massif de cyprès frappa Léontio : voici un tombeau, dit-il; les tombeaux nous poursuivent! C'est un sarcophage abandonné depuis longtemps, car il est tout couvert de lierre et de hautes herbes; c'est un bel effet de paysage!

Il s'avança, et coupa avec son poignard les arêtes du lierre collé contre la porte du tombeau. Voici des lettres, c'est une épitaphe sans doute; j'aime les épitaphes; je veux lire celle-ci; voyons si...

Il ne put achever; ses cheveux se hérissèrent d'horreur; d'un signe il appela Stellina restée un peu en arrière; elle suivit l'indication du doigt de Léontio.

Le jeune homme prononça lentement et d'une voix sourde les mots de l'épitaphe :

LÉONTIO ET STELLINA.

MORTS LE 11 MAI 1646, JOUR DE LEUR MARIAGE!

Les deux jeunes gens se regardèrent quelques instants dans un silence de stupéfaction.

Le désespoir donna à Léontio un accès de force, de courage et de fureur; il ouvrit la porte du tombeau et vit deux places de cadavre...

— Vide! s'écria-t-il..... Mais regarde, regarde, Stellina, ces deux médaillons de marbre; reconnais-tu ces profils? y a-t-il deux profils comme le tien au monde? Mon Dieu, mon Dieu, descends, parle-moi sur la montagne, comme à Moïse, ou je meurs fou!

La jeune fille s'était agenouillée sur le gazon et priait, un chapelet à la main.

Tout à coup il se fit une révolution sur la figure de Léontio. Ses traits rayonnèrent, comme de bonheur, ses yeux s'éclairèrent de joie.

— Eh bien, oui! s'écria-t-il, j'accepte l'épitaphe! Merci, tombeau! merci, révélation de la tombe! Oui, oui, Stellina, ce jour n'est pas un jour de mort; cette aube est le rayon matinal de ma vie! Ces cyprès sont des myrtes! ces lettres funèbres étincellent d'or! Stellina, Stellina, lève-toi, lève-toi! tu n'es plus ma sœur; Léontio n'est plus ton frère; je suis ton amant! ton époux! Oh! je le savais bien, Stellina; Dieu ne m'aurait pas mis au cœur une passion criminelle! Oui, oui, je suis fantôme, je suis ressuscité, je suis une exception dans la nature; tant mieux! Que m'importe de vivre d'une vie de mort, si je puis aimer Stellina comme une amante: je suis prêt à tuer celui qui viendra m'expliquer ce mystère en me rendant une vie et une sœur! Je veux être mort et ton époux, plutôt que ton frère et vivant.

Et il entraînait Stellina vers la grande allée de pins; la jeune fille pleurait de joie; jamais elle n'avait vu Léontio dans cette auréole de bonheur: elle, toujours si soumise à son frère, écoutant sa voix comme la voix de Dieu, elle s'abandonnait à des caresses de flamme, sans crainte ni remords. Bien loin de dissuader Léontio d'une erreur qui consolait l'inconsolable jeune homme, elle n'ouvrit la bouche que pour mettre le comble à sa joie. — Oui, oui, mon frère... mon ami, mon Léontio, oui, c'est Dieu qui t'inspire ; c'est Dieu qui nous a conduits ici par la main. Eh ! je le sentais bien aussi que je ne t'aimais pas de l'amour incestueux d'une sœur : oh ! je t'aimais bien mieux ! Combien de fois une parole d'amour s'est arrêtée sur mes lèvres ! Et ce matin, quand tu dormais sur mes genoux, tu ne sais pas combien de caresses d'amante tu as reçues sur le front; c'est ce qui t'a rendu la vie, Léontio, mon frère, mon ami.

— Ton époux ! ton époux ! notre contrat de mariage est écrit sur le bronze ! Dieu lui-même a semé du lierre sur ce registre nuptial, afin qu'aucun doigt profane ne pût l'effacer. Tiens, crois-tu que ces baisers dont je te brûle soient des baisers de cadavre ! Adieu, Naples ! adieu le monde ! adieu tout ! Viens, Stellina.

Et ils étaient entrés dans ce pavillon du bout de l'allée, le même où l'autre Léontio et l'autre Stellina furent surpris par le moine empoisonneur... On n'entendit plus que le murmure de la fontaine voisine, le chant de la brise dans les aliziers et le son des molles vagues expirantes sur le rivage.

Le soleil était bien haut sur l'horizon quand les deux époux de la mort quittèrent le pavillon nuptial ; Léontio, serein comme un ange du ciel, Stellina, langoureusement suspendue au bras de son ami. Ils étaient tout entiers l'un à l'autre et ne s'apercevaient pas qu'un étranger faisait mine de leur barrer le passage de l'allée.

— Mon ami, rentrons dans le bois, dit Stellina ; voici encore quelque mauvaise nouvelle qui nous arrive.

— Oh ! maintenant, mon amie, je défie bien l'enfer de m'épouvanter ; tu es ma femme, cela me suffit, tout le reste m'est indifférent.

Il considéra avec attention l'inconnu de l'allée et s'arrêta brusquement.

— Non, dit-il, non, mes yeux ne me trompent point; c'est Salvator Rosa!

— Oui, vous m'avez reconnu, répondit le grand artiste en se rapprochant; et c'est vous que je cherche. A notre première entrevue, vous étiez sans nom et vous me traitiez d'Excellence, aujourd'hui, c'est le plébéien Salvator Rosa qui salue le duc d'Ottayano.

Léontio gardait le silence, ne comprenant rien à ce début. Salvator continua :

— J'aime les aventures, moi; j'aime les hommes de passion orageuse; je me fais souvent conter des histoires par ceux qui ont beaucoup vu, beaucoup joui, beaucoup souffert. Ma vie est la plus fabuleuse des vies : j'aime les gens qui me ressemblent. Je vous ai suivi pas à pas depuis le jour de notre rencontre au Janicule. Le lendemain je me rendis à votre maison de la rue Saint-Théodore; on me dit que vous étiez parti pour Naples; j'avais quelques affaires de famille à régler à Naples, je pris donc le même chemin que vous. Un vif intérêt, une curiosité singulière m'attachaient à votre existence. A force d'interroger mes souvenirs, je me rappelai que je fus un jour appelé là, dans ce château, pour peindre deux époux qui portaient le même nom que vous et madame. J'appris ensuite que cette noce avait fini par un empoisonnement. Je ne crois pas, moi, aux choses surnaturelles, bien que mon imagination soit folle à volonté; je ne pus admettre que c'était votre figure qui avait passé sous mon pinceau; il fallait donc qu'un autre enfant fût né de la même mère. Mais à qui m'adresser pour me conduire dans un labyrinthe de conjectures? Tous les maîtres de ce château étaient morts de mort violente ou naturelle; il ne restait de deux familles qu'un concierge fou. Il me vint à l'idée que si deux enfants nouveaux étaient nés après la mort des premiers, à coup sûr un prêtre les avait baptisés sous le même nom que leurs frère et sœur : c'est l'ordinaire consolation des parents malheureux. Après trois jours de recherches dans les églises de Naples, j'ai enfin découvert un vieux franciscain qui s'est souvenu d'avoir donné le baptême à deux enfants, dans une maison éloignée de la ville, et d'y avoir été conduit avec un mystère qui semblait être une précaution contre un ennemi acharné. Le franciscain m'a ajouté qu'il se rappelait fort bien toutes les circonstances de cet événement, car il avait été rémunéré de son œuvre avec une grande libéralité. — Bien plus, a-t-il dit, je me souviens que la petite fille Stellina avait au bas de sa poitrine une légère empreinte écarlate qui figurait une aiguille d'or, comme celles que les femmes portent aux cheveux.

Léontio poussa un cri de joie, se précipita au cou de Salvator Rosa et le tint longtemps étroitement embrassé.

— Oui, oui, s'écria-t-il, c'est vrai ! c'est vrai ! Homme du ciel, tu me rends la vie !

Stellina pleurait d'attendrissement. Salvator continua :

— Mes pas étaient attachés aux vôtres, comme je vous l'ai dit : hier soir, à l'entrée de la nuit, je suis arrivé là, sur cette esplanade, avec deux domestiques ; je vous appelai à haute voix par votre nom, et personne ne répondait ; enfin un homme est sorti de ces ruines, j'ai couru à lui, et lui a tremblé en me reconnaissant : c'était Marco Théona ! J'avais longtemps vécu avec lui dans les Abruzzes, moi, peintre de paysages, et lui, bandit. Un grand malheur, le désespoir, la vengeance, avaient jeté Théona dans les Abruzzes ; il était toujours sur la route de Naples à Rome, comme un chasseur à la piste qui attend le gibier qu'on lui a désigné. J'ai usé de mon ascendant sur Théona pour lui arracher des secrets, car je savais que son histoire se liait à celle de vos familles; je l'ai menacé de le livrer aux sbires, il a parlé. — Allons à Naples, m'a-t-il dit, ce n'est qu'à Naples que je puis vous indiquer la retraite de Léontio et de Stellina. Nous sommes descendus de la montagne. A Portici, nous avons pris une barque. Sur le point d'aborder, Théona m'a dit : Vos deux protégés sont peut-être morts; vous les trouverez dans les ruines d'Ottayano; il y a tout auprès un tombeau vide avec leurs noms gravés; vous n'aurez pas beaucoup de peine pour les ensevelir. Quant à moi, mon malheureux destin est accompli!.. Et il s'est jeté à la mer. Au lieu de deux cadavres à ensevelir, j'ai trouvé deux époux à embrasser. Venez prendre vos vêtements de noces.

— Ah! dit Léontio en baisant les mains du grand artiste, je n'aurais pas cru que le bonheur fût si léger! Quel jour que celui-ci! Où puis-je voir finir un aussi beau jour?

— Où il a commencé! dit Salvator. Demain vous viendrez à ma maison du Pausilippe; là, je vous expliquerai tout; aujourd'hui nous restons à votre château, duc d'Ottayano; mes domestiques ont songé à tous nos besoins. Dans une heure, vous serez mariés à l'église de Résina, et ce soir...

Le soir, dans la chambre nuptiale, tout illuminée, le duc et la duchesse d'Ottayano, revêtus des habits de leurs frère et sœur, recevaient les félicitations de Salvator Rosa et de sa famille; puis les flambeaux s'éteignirent, une seule lampe d'argent à quatre rayons éclaira mollement la chambre. De brûlantes paroles d'amour s'échangèrent encore auprès de ce lit, couvert de la riche étoffe aux franges d'or; mais cette fois les époux y dormirent.

Le lendemain, Léontio dit à sa femme : Mon frère

et ta sœur sont morts indignement ici; Dieu ne pouvait les ressusciter : mais Dieu est juste, il a fait tout ce qu'il était en sa puissance de faire, il les a ressuscités en nous.

FIN DE L'AME TRANSMISE.

VANDICK

I.

La ville de Gênes s'était levée, avec le soleil de ses plus beaux jours, pour assister au mariage du comte Brignole. La darse faisait silence, le môle était désert devant la fontaine de Saint-Christophe; les galères dormaient dans les eaux calmes et bleues qui reflètent, en le brisant, le péristyle du palais Doria. Tout le bruit s'était réfugié dans la via San-Luca; toute la foule amoncelée dans le voisinage *dei Banchi* se dirigeait vers *San-Lorenzo*, la cathédrale, en inondant les rues étroites et tortueuses qui étouffent cette magnificence gothique, écartelée de marbre noir et blanc.

Les Génoises sont belles, mais la comtesse était plus belle qu'une Génoise. Elle avait dix-huit ans; on n'a jamais vu de plus beaux cheveux noirs que les siens sur un front aussi pur, un plus beau teint sur un visage plus angélique : elle était citée en Italie, à une époque où l'Italie avait tant de femmes à donner en modèles aux artistes ses enfants.

Le comte Brignole, l'allié des Durazzo et des Doria-Tursi, avait fait bâtir, dans la strada Balbi, un palais digne de l'adorable femme qu'il épousait.

C'était une de ces merveilles de marbre qui ont immortalisé le nom de l'architecte Tagliafico, et valu à la ville cette glorieuse appellation de Gênes la superbe. De splendides mosaïques couvraient les murs et les parquets inférieurs ; et quand on montait l'escalier où des marbres de toutes couleurs arrachaient l'admiration par la hardiesse de leur coupe, on était étonné de n'avoir encore vu qu'un faible échantillon des magnificences que renfermait ce palais.

L'église de Saint-Laurent resplendissait de lumières et d'étoffes précieuses où l'or et l'argent se mêlaient en riches dessins à tous les tissus. Toute la noblesse, sortie de ses palais de marbre, inondait la grande nef et le sanctuaire ; la bourgeoisie opulente s'entassait dans les nefs latérales ; la populace curieuse se pressait sur l'étroit parvis, sous le porche et à toutes les issues. Personne n'était venu là pour prier ; la reine de la fête religieuse se nommait la comtesse de Brignole. Il était difficile de l'entrevoir agenouillée devant l'autel ; mais quand elle se levait, et que, rejetant son voile en arrière, elle se retournait un seul instant vers les nefs, alors un murmure d'admiration montait aux voûtes avec les notes du chant grégorien, et l'on ne savait plus si la foule adressait une hymne de louanges à la comtesse ou à la Vierge de l'Assomption.

Car, par un étrange choix, le jour où se célébrait ce mariage était le quinze du mois d'août, et les deux fêtes, la fête nuptiale et la fête religieuse se trouvaient ainsi confondues en une seule.

Tout ce monde accouru de toutes les parties de la ville formait la parenté ou la clientèle des deux maisons qui s'unissaient. La noblesse de Gênes allait rarement chercher ses alliances au dehors. De la sorte, au bout de quelques siècles, toutes les familles, même celles qui se trouvaient sans cesse en rivalité pour les charges et les dignités publiques, étaient à un degré quelconque unies par les liens du sang. Cela faisait qu'aux jours du danger tous formaient une masse compacte, marchant sous de rares bannières et un fort petit nombre de chefs, toujours illustres et de glorieux renom.

On remarquait aussi, à quelques pas devant la rampe du sanctuaire, un jeune homme d'une figure, d'un regard et d'une pose de corps extraordinaires. A tous ces signes extérieurs il était aisé de reconnaître qu'il n'appartenait ni par sa naissance, ni par sa vie, ni par ses mœurs, à la ville de Gênes. Il n'était habillé ni comme un seigneur, ni comme un bourgeois, ni comme un marchand. Il avait inventé son costume tout d'une pièce, soie et velours noir. Son visage était pâle ; une moustache déliée noircissait sa lèvre ; une barbe pointue tombait de son menton. Il ne s'agenouillait pas, il ne priait pas, il ne s'asseyait jamais. Il regardait la belle comtesse avec des yeux d'une mystérieuse expression, il la regardait toujours. Il était immobile, appuyé contre un pilier ; et si quelques vives émotions tourmentaient son âme, rien ne transpirait au dehors : à le voir ainsi posé, on l'aurait pris pour un portrait en pied tombé de son cadre et incrusté sur un pilier de Saint-Laurent.

Ce jeune homme était le peintre hollandais Antoine Van-Dick.

Par quel hasard l'élève chéri du Flamand Pierre-Paul Rubens se trouvait-il à Gênes le jour du mariage de la comtesse Brignole ? Ceux qui ont visité la ville n'adresseront jamais cette question. En effet il n'est pas de ville au monde qui ait fourni autant que Gênes des modèles au pinceau célèbre du peintre hollandais. Entrez dans n'importe quel palais de la strada Balbı ou de la strada Nuova, vous trouverez des portraits peints par Van-Dick. L'Angleterre paierait de tout son or les toiles accrochées aux galeries de ces palais abandonnés par leurs maîtres pour cause d'infortune. Mais ceux-ci ne les lui céderaient pas. Le portrait de famille est toujours à leurs yeux la plus belle portion de l'héritage paternel et cela suffirait pour justifier ce sentiment de prédilection qui ramena si souvent l'artiste hollandais dans les murs de Gênes la superbe.

Debout, contre le pilier de San-Lorenzo, on eût dit que Van-Dick, en proie à une vive préoccupation intérieure, était étranger à tout ce qui se passait autour de lui.

Il ne parut s'animer qu'au moment où les bannières et les guidons des confréries descendirent du sanctuaire dans la grande nef et que la statue d'argent de la Vierge, portée par quatre marins de la galère Doria, traversa la foule, comme si elle eût glissé sur les têtes. Après la cérémonie du mariage, la procession commença. La comtesse Brignole marchait après la Vierge; son époux la suivait d'un air singulièrement orgueilleux. Le noble comte était dépourvu de cette spirituelle intelligence que la nature donne à tous les Italiens.

Quand il passa devant le peintre Van-Dick, le grand artiste dit au comte Pallavicini :

— « *Ma vie pour un quart d'heure de cet homme!* »

Personne n'entendit ces paroles murmurées à l'oreille d'un ami; elles se perdirent dans un énergique *Salve Regina* que le peuple entonnait avec furie, en brûlant de ses regards la comtesse Brignole qui faisait des largesses aux bassins de tous les couvents.

Van-Dick, arraché à sa contemplation, se mêla au noble cortége et descendit avec la procession vers le faubourg de Saint-Pierre d'Arena.

C'était au tomber du jour, le soleil s'inclinait sur les belles eaux du golfe ligurien ; les collines resplendissaient d'une douce lumière ; les cloches sonnaient à toute volée ; les vaisseaux saluaient de leur artillerie les deux vierges triomphantes ; les banderolles flottaient à la brise ; le genêt et l'encens parfumaient l'air, et lorsque de tous ces bruits joyeux, de tous ces parfums de mer et de collines, de tout ce frémissement de bannières, s'élançait en chœur l'*Ave maris stella*, Van-Dick sentait des larmes sur ses joues et des frissons partout.

Le palais Doria ouvrit ses portes au clergé de Saint-Laurent. L'*Ave maris stella* éclata sous les colonnades qui s'avancent sur l'eau ; l'hymne virginale fut répétée à bord de toutes les galères voisines ; il semblait que le ciel, la terre, la mer, saluaient d'un chœur immense la jeune épouse qui étincelait comme un astre sous le portique de marbre du beau palais Doria.

II.

Van-Dick sortit des rangs et monta aux jardins solitaires qui s'élèvent en amphithéâtre derrière le palais, du côté de la statue du Géant.

Là, il se recueillit pour penser à ce qu'il avait à faire. Il aimait la comtesse, non d'un amour vulgaire, mais d'une passion d'artiste ; il l'aimait depuis deux ans ; il avait vu éclore cette belle fleur dans les nymphées du palais Tursi, au milieu des fontaines et des citronniers.

Dans l'enfant il avait deviné ce que serait la femme un jour, et l'artiste s'était trompé : la femme en se développant laissait derrière elle la création idéale d'une imagination exaltée. Elle était arrivée à ce point suprême de beauté qui supprime toutes les analyses et tous les arrangements pour ne laisser de place dans l'esprit que pour l'adoration.

Van-Dick, dans le jardin Doria, ne la voyait plus comme jadis dans les jardins parfumés du palais Tursi, mais bien telle qu'elle venait de lui apparaître, au milieu de l'admiration et des désirs de tous à l'église de San-Lorenzo.

Le peintre n'avait rien à offrir à ces familles génoises, plus opulentes que des rois ; il n'avait ni palais de marbre, ni galions dans le port ; il s'était donc toujours tenu à l'écart avec le secret de son amour. Un seul homme avait reçu ses confidences, le comte Pallavicini, noble et généreux seigneur, qui aimait les arts et les artistes et avait voué une amitié toute particulière au peintre hollandais. Il aurait volontiers donné sa fortune à Van-Dick ; mais son palais et sa villa magnifique l'avaient ruiné complétement.

La fête, le chant, les cloches, la foule avaient pu un instant distraire Van-Dick. Maintenant, isolé dans la vigne des Doria, il supportait tout le poids brûlant de sa passion. Il regardait la mer, spectacle sublime qui attriste souvent et ne console jamais ; il regardait la superbe Gênes, assise au soleil sur ses montagnes, chantant sa joie avec les cloches aériennes, associant, sur la même colline, le couvent austère et la villa pleine de profanes voluptés. Van-Dick fermait ses yeux et frappait son front. Alors une brise lui apportait la mélodie lointaine de la procession, refrain expirant, léger, purifié dans l'espace, et doux à son oreille comme une parole italienne exhalée des lèvres de l'adorable comtesse Brignole.

Van-Dick, la poitrine brisée, se leva vivement et saisit d'une main convulsive son épée qu'il avait suspendue à la feuille charnue et épineuse d'un aloès.

Il descendit du sommet de ce magnifique jardin,

escarpé comme une pyramide, il traversa le pont jeté sur la rue, de la treille au palais, et entra dans la galerie où il avait laissé le comte Pallavicini.

La galerie était déserte. Van-Dick ne daigna regarder ni les fresques nationales de Perino di Vaga, ni les statues de Philippe Carlone ; il suivit les traces de la procession sur une route de fleurs.

Le clergé de Saint-Laurent était depuis longtemps rentré à la cathédrale ; la foule était remontée aux maisons ; le cortége nuptial était rentré au palais du comte Brignole ; des groupes encore nombreux s'entretenaient du mariage du jour sur la place de l'Annonciade. Van-Dick, en la traversant, entendit prononcer le nom de la comtesse et exalter sa beauté avec cet enthousiasme bruyant et contagieux qui éclate dans toutes les conversations en plein air chez les peuples du Midi. Il ne s'arrêta pas : la nuit tombait ; il se glissa timidement dans la strada Balbi, et une dernière et terrible émotion faillit l'étouffer, lorsqu'il aperçut le palais Durazzo illuminé, pavoisé, bordé de belles dames à toutes ses terrasses et au balcon de ses deux pavillons aériens.

Le bal avait commencé après la procession, le délire de la danse ébranlait déjà ce magnifique palais, montagne de marbre toute brodée à jour, toute festonnée, toute pleine d'escaliers agiles et de sublimes colonnades. Van-Dick s'appuya sur le mur du palais Serra, et demeura comme anéanti dans la contemplation. Il souffrait de cette douleur d'artiste qu'aucun signe, aucun mot, aucune langue ne peuvent exprimer ; de cette douleur si cruellement inventée par la nature afin de punir les hommes d'élite des dons supérieurs qu'ils ont reçus et qui leur sont si follement enviés par la foule stupide qui ne souffre pas.

Il sortit de sa cuisante rêverie en apercevant, à la lueur des torches, le comte Pallavicini qui descendait le grand escalier; il prit vivement son bras et l'entraîna dans la petite rue de San-Ciro.

— Parle-moi de cette femme; dis-moi, l'as-tu vue?

Ces paroles s'échappèrent brûlantes des lèvres de l'artiste, et en attendant sa réponse ses yeux restèrent suspendus aux lèvres de son ami.

— Je viens de danser avec elle à l'instant, dit froidement Pallavicini.

— Donne-moi ta main alors, que je la baise; elle a touché sa main.

— Artiste, tu es fou.

— Je suis au désespoir.

— Le temps te guérira.

— Jamais.

— Il m'a bien guéri, moi! j'ai perdu bien plus qu'une femme; j'ai perdu deux palais...

— Oh! je donnerais toute la strada Balbi pour un baiser de cet ange!

— Si la strada Balbi t'appartenait, avant de la donner, tu ferais tes réflexions.

— Je donnerais ma vie.

— C'est plus aisé. Mais voyons, que veux-tu faire? cette femme est mariée...

— Pas encore.

— Comment, pas encore? Tu es fou... J'ai signé son contrat de mariage.

— Pas encore, te dis-je!

— Ah! j'entends!.. Eh bien! voilà dix heures qui sonnent à Saint-Charles; dans deux heures elle sera mariée...

— Ah! oui! malédiction à ce comte stupide! Eh! que fait-il, lui?

— Lui! il fait le mari; il suit sa femme dans tous les quadrilles; il la dévore des yeux; il lui dit des mots à l'oreille, il regarde sa montre à chaque minute; il a fait avancer d'une demi-heure la pendule du grand salon du bal ; il est heureux, il est fou.

— Et la femme ?

— La femme danse ; elle est ravie de danser ; elle sort du couvent..... son bal de noces est son premier bal ; elle danserait toute la nuit et tout le lendemain...

— Paraît-elle avoir de l'amour pour son ?..

— Elle danse, te dis-je : quand une jeune femme danse, elle ne pense qu'à elle, à sa toilette et à son danseur.

— Folle !... Et c'est pour ces êtres-là que nous nous consumons, que nous incendions nos poitrines, que nous perdons nos âmes, que nous brisons nos corps !.. Et puis elles viennent nous dire qu'elles aiment mieux que nous !.. Atroce dérision !.. Leur amour d'amante n'est que de l'amour-propre ; leur amour d'épouse, qu'une conspiration de toilette, leur amour de mère, qu'un instinct commun de la nature... Oh ! je déraisonne ; ma tête me brûle ; soutiens-moi, ou je me brise le front sur ce pavé.

— Mon pauvre ami !

— Oh ! j'ai là clouée au front une idée intolérable ! une idée qui est un tison ; une idée que je ne puis éteindre !.. Dans deux heures !.. Malédiction !

— Écoute, parlons d'autre chose... As-tu vu la marine d'Arazzi qu'on vient de recevoir à la villa Scoglietto ?..

— Non... Arazzi fait des marines ?.. Dans deux heures ! un homme...

— Il n'excelle pas dans les marines...

— Il n'excelle dans rien...

— Ah ! voilà de l'injustice d'artiste ! Sa *Bataille du palais Doria* est un chef-d'œuvre.

— Son coloris est faux... Entends-tu ? entends-tu ? la musique ne joue plus ; le bal est fini... Viens, rentrons à la strada Balbi...

— C'est un intermède !.. on ne peut pas toujours danser ; en ce moment on se repose, on dansera jusqu'au jour...

— Oui, les autres, mais elle ?..

— Elle... elle aussi, peut-être... Comment trouves-tu les fresques de notre *Perino di Vaga?*.. Aimes-tu ce talent ?..

— Non... c'est commun, c'est grossier d'exécution... Eh bien ! la musique ne reprend pas... C'est fini ! c'est fini !..

— Cela va recommencer... Je veux te faire un cadeau... le dernier tableau qui me reste... c'est une Vierge de Giordano...

— Viens, allons au palais Durazzo.

— Que dis-tu de Giordano ?

— Un barbouilleur... un peintre de galères... Garde ton tableau... Mon Dieu ! quelle horrible journée !.. L'église, l'encens, les fleurs ! l'*Ave maris stella*, la mer, la prière, les folies, le bal, l'amour, l'amour inexorable ! C'est un jour chauffé avec les flammes de l'enfer pour moi ; pour les autres, embaumé par les roses du paradis... Allons chez Durazzo... Viens.

Il n'y avait aucun moyen de résister à cette fougue de l'impétueux artiste. D'ailleurs, en ce moment, l'abandonner eût été un crime. L'amitié que lui portait le comte Pallavicini était profonde et capable des plus grands sacrifices. Le comte se laissa entraîner vers le palais Durazzo.

III.

Ils remontèrent la petite rue escarpée de San-Ciro, et ils s'assirent sur un bloc de marbre qu'on travaillait pour le palais Serra. La musique du bal retentissait de nouveau; mais il y avait sur les terrasses moins de bruit, moins de foule, moins de joie.

— C'est l'agonie du bal, dit Van-Dick d'une voix sourde; c'est la mienne aussi...

Il se leva vivement.

— Tiens, regarde là... regarde ces quatre croisées que l'on ferme... Sais-tu quelle est cette chambre?.. Je le sais, moi! C'est la chambre du maître!.. la chambre nuptiale!.. Comte Pallavicini, êtes-vous mon ami?

— Ton amitié, c'est tout ce qui me reste de ma fortune; j'y tiens.

— Eh bien! écoute : la nuit court, l'heure brûle; le sang gonfle mon cœur; je vais mourir, si tu ne m'assistes.

— Parle, que faut-il faire?

— Monte au palais Durazzo, demande à parler au comte en secret, qu'il soit au salon ou dans sa chambre, debout ou levé. Tu lui diras que l'ennemi de son père, le marquis de Gippino, l'attend au puits de la vallée du Lerbino avec son épée et son poignard; que Gippino se rend en toute hâte à Florence, et ne s'arrête qu'un instant sous les remparts de Gênes pour ce duel à mort; qu'un refus sera une infamie pour lui; un retard, une lâcheté. Va, va! les lumières s'éteignent, les femmes accompagnent la comtesse au lit nuptial; point de réponse, va.

— J'y vais, dit froidement Pallavicini en serrant les mains de son ami.

Un instant après il remontait les degrés du palais Durazzo et se mêlait à la foule des conviés, cherchant à attirer sur lui les regards de l'époux du jour.

Le comte Brignole recevait les adieux de quelques jeunes seigneurs, ses intimes, lorsqu'il vit entrer mystérieusement Pallavicini, qui lui fit un signe du doigt. Ils se retirèrent à l'écart dans un de ces pavillons qui dominent la rue.

Pallavicini prit un air grave, et, d'une voix émue, dit au comte :

— Je vous demande pardon de vous déranger en ce moment. Mais l'affaire est pressante. Connaissez-vous le marquis Gippino ?

— Je ne le connais pas, dit le comte ; mais je sais qu'une haine mortelle a régné de tout temps entre mon père et lui.

— Son fils vous attend au puits de la vallée du Lerbino ; il m'a pris pour son second ; avant que vos amis ne s'éloignent tous, choisissez le vôtre.

Le comte Brignole demeura muet.

— Comte Brignole, ajouta Pallavicini, ma parole est-elle assez claire ?

— Je ne refuse pas satisfaction à un Gippino ; je la lui donnerai demain.

— Demain votre ennemi, qui n'est pas libre de son temps, sera sur la route de Florence, et il publiera partout votre déshonneur.

— Voilà un singulier moment pour un cartel ! Ils choisissent heureusement les Gippino ! Eh bien ! soit, je lui demande une heure...

Et il se dirigeait vers sa chambre ; la camériste de la comtesse venait d'en sortir, le sourire aux lèvres.

— Une heure ! dit Pallavicini en l'arrêtant ; je n'ai pas le pouvoir de vous donner une minute de répit ; nous avons déjà même perdu beaucoup de temps...

— Mais c'est une affaire grave, comte Pallavicini ; au moins le temps d'embrasser ma femme...

— Rien ; le temps de prendre vos armes, voilà tout ; chaque minute qui s'écoule ôte un grain d'or à votre blason.

— Que faire ? que faire ? murmura le comte Brignole entre ses dents.

— Me suivre, répondit Pallavicini.

— Voilà une tyrannie inconcevable ! Je reconnais bien là les Gippino, tels que mon père me les a dépeints cent fois. Voici mon épée : allons !

Il se retourna vers le groupe d'amis qu'il venait de quitter et dit :

— San-Gallo, si vous pouvez me donner un instant, je vous prie de m'accompagner jusqu'à l'église de la Consolation.

— Vous allez faire votre prière bien loin avant de vous coucher, comte Brignole, dit San-Gallo en riant.

— C'est ainsi, répliqua froidement le comte ; voulez-vous m'accompagner ?

Les trois acteurs de cette scène descendirent à la rue et marchèrent silencieusement jusqu'à la poterne ; là, ils trouvèrent un homme enveloppé d'un manteau qui paraissait les attendre.

— C'est notre champion, sans doute, dit le comte Brignole.

— C'est lui, répondit Pallavicini.

— Vous connaissiez donc Gippino ?

— Nullement, il m'a rencontré dans la strada Balbi ; il m'a demandé si j'étais noble ; sur ma réponse, il m'a expliqué son affaire ; j'ai accepté.

— Vous avez bien fait ; au moins, avec vous, nous n'aurons pas à craindre de guet-apens. Nous sommes entre amis et connaissances.

— C'est ce que j'ai pensé.

— Merci.

On entra dans la campagne ; Van-Dick marchait le premier, en avant d'une vingtaine de pas ; il s'arrêta dans un petit bois de tamarins, dont les sombres rameaux augmentaient encore l'obscurité de la nuit.

— C'est donc ici, comte Gippino, que vous voulez inaugurer votre champ-clos avec ceux de ma noble maison ?

Van-Dick, jetant à terre son manteau, mit l'épée à la main et ne répondit pas.

— Je vous préviens, continua Brignole, que je vais me défendre vigoureusement, car je ne veux pas faire une veuve la première nuit de mes noces.

Van-Dick bondit sur le terrain et se mit en garde. Ces paroles l'avaient mordu au cœur comme le dard acéré de la vipère. Il lui tardait d'en finir avec cet homme qui l'insultait avec son bonheur insolent jusque sur le terrain du combat. Les deux adversaires croisèrent aussitôt le fer. Le combat ne fut pas long ; Van-Dick reçut un violent coup d'épée dans le bras droit; faible de constitution, et déjà prédisposé aux atteintes de la phthisie qui le consuma jeune encore, épuisé d'ailleurs par toutes les angoisses de ce terrible jour, il tomba de faiblesse sur le gazon.

— Je vais vous envoyer un chirurgien, dit froidement le comte Brignole.

Et il partit avec San-Gallo.

Pallavicini, resté seul, prodiguait ses soins au malheureux artiste blessé.

— Mon ami, lui dit Van-Dick, j'ai assez d'argent pour racheter ton palais et ta villa; je te le donne. Cours après cet homme, et bats-toi avec lui ; tu seras plus heureux que moi, tu le tueras.

— Ton sang coule, il faut que j'arrête ton sang : calme-toi ! la fièvre te brûle !..

— Laisse-le couler, mon sang; laisse-moi mourir... Sais-tu bien qu'il va rentrer en triomphe dans son palais; que des pleurs de joie, que des caresses de feu l'attendent là-bas ; que le paradis va s'ouvrir pour lui, l'enfer pour moi ? Va, te dis-je, atteins cet homme avant qu'il soit aux remparts !

— Calme-toi, calme-toi ! te dis-je : demain, foi de comte Pallavicini, nous recommencerons. Laisse-moi te panser.

— Ah! tu as peur!

— Allons! voilà qu'il m'insulte maintenant! Arrête, ne bouge pas!

— Eh bien! je vais courir après lui, moi... laisse... laisse... Que m'importe la vie, s'il rentre à son palais... je vais... Malédiction!

Il s'évanouit.

Lorsqu'il revint à lui, le jour commençait à poindre sur la crête des Apennins.

— Quel horrible songe! s'écria-t-il.

Ce furent ses premiers mots.

Il promena dans la campagne des regards effarés, et baisa les mains de Pallavicini en les arrosant de larmes; puis, désignant du doigt le gazon ensanglanté, il sourit avec amertume, et leva les yeux au ciel avec une expression que les grandes âmes seules peuvent donner à leur visage dans les heures de désespoir consommé.

— Te sens-tu assez fort pour rentrer en ville? dit Pallavicini, qui continuait à le veiller avec une délicatesse touchante.

— Oui... mais que faire en ville maintenant?.. Tout est perdu... regarde comme le soleil se lève riant! comme la nature est joyeuse! J'ai entendu chanter l'alouette ce matin dans un rêve... Dieu nous fait toujours de ces ironies-là... Que lui importe mon malheur, à la nature?.. Si elle prenait son crêpe noir à chaque être qui souffre, ce serait un deuil éternel... C'est bien! habille-toi d'azur et d'or, beau ciel d'Italie, cela réjouit la misère de tes enfants.

— Je crois que nous pourrions rentrer, observa tranquillement Pallavicini.

— Oh! toi, tu es de marbre, comme la villa que tu as fait bâtir... As-tu aimé quelquefois?

— Cent fois, mais de ta force, jamais.

— As-tu aimé des femmes qui t'ont montré de l'amour, dans un jour de coquetterie, et se sont mariées avec d'autres ?

— Certainement.

— Eh bien ! qu'as-tu fait alors ?

— Je me suis consolé.

— Tiens, c'est singulier; ta parole me calme. Donne-moi ta main que je la serre, c'est la main d'un ami, tu me fais du bien.

— Vive Dieu ! te voilà en convalescence ! Prends mon bras, et gagnons la ville en nous promenant, comme si nous étions sortis ce matin avant l'aube. Écoute : la comtesse Bri...

— Oh ! ne prononce pas son nom !

— Soit, la comtesse est belle, belle à ravir, c'est vrai; elle a un teint rose transparent, des yeux lumineux et azurés comme le golfe de Gênes, des lèvres de corail, des dents de perles, un cou d'ivoire, des épaules sculptées avec amour, une taille, oh ! une taille ! Je ne connais qu'une femme qui ait une taille comme celle-là : c'est la Vénus de ton ami Titien de Venise. Quant à son esprit, à ses qualités du cœur et de l'âme, tu ne m'en as jamais parlé; je vois que tu t'en soucies fort peu... Ainsi, donne-moi vingt-quatre heures, je te donne une autre comtesse Brignole.

— Oh ! tais-toi ! tais-toi ! impossible !

— Impossible ! je veux te donner mieux que la comtesse Brignole... Moi, j'ai perdu mon palais; qu'on m'en donne un plus beau, et je me console tout de suite, foi de grand seigneur !.. Bon !.. tu souris, nous allons mieux. Laisse de côté ces alouettes qui chantent, et la nature qui se moque de toi, parle raison. Mon ami, toutes les comtesses d'Italie ne valent pas le sang qui vient de sortir de tes veines d'artiste... Une femme se retrouve, un artiste comme toi, jamais!

— Mais voyons, trêve d'éloges : de quelle autre femme veux-tu parler?

— Bénie soit *Notre-Dame du Remède,* qui demeure dans la rue où nous allons entrer! nous sommes guéri! Ah! tu t'intéresses déjà à une autre femme!..

— C'est curiosité pure...

— J'entends... Eh! mon Dieu! l'amour d'un artiste, n'est, je crois, qu'une curiosité délirante. Si la Vénus de la villa Adriani était enfouie à mille pieds sous terre, tu te ferais fossoyeur au grand soleil pour l'exhumer, la voir et l'embrasser le premier...

— C'est vrai.

— Vous êtes des hommes maîtrisés par vos sens; aussi votre insouciance est passée en proverbe; vous vous faites un musée de maîtresses, comme un cabinet de tableaux; c'est votre métier, vous étudiez la nature; vous ne voyez qu'un beau modèle là où un autre homme verrait l'objet idéal et rêvé d'une platonique et immortelle passion. Eh bien! je veux te donner un modèle qui ferait se draper de jalousie la Vénus Aphrodite dans son bain.

— Son nom?

— Tu le sauras demain; j'ai promis. Aujourd'hui guéris ta fièvre, et dors.

En causant ainsi, les deux amis étaient arrivés à la porte de leur maison, sur la place de l'Annonciade, par des rues détournées. La ville était encore plongée dans le sommeil. Un chirurgien fut appelé; il trouva la blessure fort légère, malgré la grande abondance de sang répandu. Il ne conseilla pour régime que vingt-quatre heures de repos.

IV.

Grâce au comte Pallavicini, qui s'était constitué le gardien et le médecin moral de son ami, cette ordonnance fut suivie dans sa rigoureuse simplicité. Aussi, après vingt-quatre heures, la fièvre avait complétement disparu et l'artiste se trouvait en état de se lever.

Le lendemain, à midi, un domestique, à la livrée de Brignole, porteur d'une missive, entrait dans l'appartement de Van-Dick. Pallavicini habillait l'artiste, qui était encore faible et bien pâle. Le comte Brignole priait Van-Dick de se rendre à son palais.

— Voilà un étrange incident, dit le peintre; que me veut le comte?.. il ne me connaît pas; il ne m'a jamais vu.

— Il faut aller voir cependant, dit Pallavicini. Veux-tu que je t'accompagne?

— Certainement, je n'irai pas seul... c'est quelque piége infernal. Le comte s'est douté de quelque chose... Oh! vite, vite, au palais Durazzo.

— C'est bien fâcheux; je crains une rechute pour toi, tu vas la revoir, et...

— Elle, la revoir? Jamais! jamais! Je verrai le comte; je n'ai besoin de voir que le comte... Oh! la revoir! Et pourquoi? J'expirerais devant elle de honte, de jalousie, de désespoir... Viens...

— Tu n'es pas assez calme pour brusquer ainsi cette visite... Le comte n'est pas si pressé, sans doute. Nous devrions attendre demain ou ce soir...

— Pas une minute de plus...

— Hélas! nous voilà retombé.

— Oh! tu ne me connais pas! C'est fini, te dis-je; cette femme n'est plus pour moi qu'un souvenir, un rêve pénible... Allons à Durazzo.

— Allons!

Van-Dick s'était habillé magnifiquement; mais l'éclat de son costume ne pouvait dissimuler sur sa figure sa souffrance et son agitation; il était horriblement pâle et sa démarche, qu'il s'efforçait de rendre hardie, était chancelante comme celle d'un convalescent. Il avait enfoncé la main de son bras blessé dans un crevé du pourpoint, comme par contenance; il s'appuyait de l'autre sur la rampe de marbre de l'escalier du palais. Pallavicini le suivait en soupirant.

Il fut introduit dans la galerie où le comte ne se fit pas attendre.

— Seigneur Van-Dick, dit-il en courant vers lui, veuillez bien excuser mon indiscrétion : j'ai appris que vous étiez de retour dans notre ville ; je n'avais pas eu l'honneur de vous y connaître à votre premier séjour : aussi me suis-je empressé de vous offrir cette fois mon amitié et mon palais. Durazzo est l'hôtellerie des grands artistes, n'est-ce pas, comte Pallavicini?

Van-Dick s'inclina et ne répondit rien : il était bouleversé de cet accueil.

Son ami imita son silence. Une légère inclination de tête fut toute sa réponse à la parole du comte Brignole.

— Je vous prie de prendre un fauteuil, messieurs, continua le maître du palais, j'ai à vous parler d'une petite affaire, à vous, seigneur Van-Dick. Je me suis marié avant-hier : sans fatuité, je puis dire, que c'est un mariage d'inclination ; je veux que notre intimité se forme sous des auspices dignes de votre talent et de ma fortune ; je veux que vous fassiez le portrait de ma femme. Quand même je couvrirais votre toile de sequins, je serais toujours votre obligé.

Van-Dick s'inclina de nouveau. Ce silence fut interprété comme timidité d'artiste en face d'un grand seigneur.

— Quel jour le modèle pourra-t-il se mettre à votre disposition?

— Aujourd'hui. Je suis prêt, répondit Van-Dick d'une voix éteinte.

— Vous êtes charmant, seigneur artiste ; vous allez au-devant de mes vœux. Vous trouverez dans mon atelier des toiles toujours prêtes ; je veux un portrait en pied, comme celui de la marquise de Velletri, que vous avez peint et qui est un chef-d'œuvre, comme tout ce que vous faites...

Van-Dick laissait parler le comte Brignole sans lui répondre. Celui-ci, croyant en avoir assez dit sans doute pour flatter l'amour-propre de l'artiste, se tourna vers son ami :

— Ah! dites-moi, comte Pallavicini, comment avez-vous laissé notre champion du Lerbino? Donnez-moi de ses nouvelles.

— Il est parti ce matin pour Florence.

— C'est un spadassin payé par les Gippino ; j'ai su cela. Mes ennemis ont voulu me faire assassiner le jour de mes noces ; c'était bien imaginé. Messeigneurs, soyez assez bons pour m'attendre ici un *momentino ;* je vais vous amener ma femme.

Et il rentra dans ses appartements.

Van-Dick et Pallavicini se regardèrent quelque temps sans parler.

— Un bon conseil, Van-Dick, un conseil d'ami dévoué ; le veux-tu ?

— Oui.

— Pars.

— Impossible ! Que dirait le comte ?

— Que t'importe ?

— Il me croira fou.

— Dans un quart d'heure, si tu restes, tu le seras tout à fait. Préviens le coup.

— Je m'abandonne à mon destin.

— Mais songe que tu es blessé, que ta main ne peut manier le pinceau.

— Je peindrai de la main gauche.

— Tu es pâle, tu souffres, tu es faible et agonisant ; tu vas périr à l'œuvre.

— Tant mieux.

La porte s'ouvrit, et la comtesse entra.

On aurait dit qu'elle illuminait la galerie des rayons de son éblouissante beauté. Pallavicini lui-même réprima une exclamation de surprise qui lui était arrachée, car il ne l'avait jamais vue si belle. Elle portait une robe de soie noire brochée : ses épaules et ses bras étaient à découvert, et l'étoffe faisait merveilleusement ressortir leur blancheur lumineuse. Elle salua d'un sourire céleste les deux étrangers ; et, s'adressant à Van-Dick, elle lui dit avec une grâce incomparable :

— Maître, quand il vous plaira, je suis à vos ordres ; c'est bien de l'honneur pour moi de poser devant un artiste tel que vous.

— Passons à l'atelier, dit le comte Brignole ; le seigneur Van-Dick choisira à sa guise ses palettes, ses toiles et ses pinceaux.

V.

Les quatre acteurs de cette scène entrèrent alors dans l'atelier de peinture, qui était contigu à la galerie. Comme l'avait dit le comte, tout s'y trouvait préparé d'avance et l'artiste n'avait qu'à choisir.

— Maintenant, poursuivit le comte, vous êtes entièrement chez vous ; et c'est à nous de vous demander si vous nous permettez, maître, de rester ?

Van-Dick n'appartenait plus à la terre, il ne répondit pas ; mais Pallavicini, prenant en pitié l'amour de son ami, dit avec le plus grand sang-froid au comte :

— Je connais Van-Dick : c'est un de mes vieux amis ; il faut le mettre à l'aise : il n'aime pas peindre devant témoins ; sortons.

Et il donna l'exemple. Le comte le suivit.

La comtesse et Van-Dick restèrent alors seuls dans l'atelier déserté.

— Je ne connais rien de beau comme votre portrait de la marquise de Velletri, dit la comtesse d'un ton familier, comme pour engager lestement la conversation.

— Je ferai tous mes efforts pour mériter encore aujourd'hui votre approbation, répondit timidement le peintre.

— Elle vous est acquise d'avance, maître. Je ne la connais pas, la marquise de Velletri; est-elle bien?

— Je ne l'ai jamais vue, madame...

— Comment! sans l'avoir vue, vous avez fait son portrait!

— Ah! la marquise de Velletri... Excusez-moi, madame; je suis tout à ma palette, à mes couleurs... Elle est assez bien, je crois.

— Il paraît que vous oubliez facilement vos modèles... Oh! vous allez me peindre assise! je n'aime pas cette pose; je veux être debout, riante, et une fleur à la main. Cette robe vous plaît-elle?

— Non, madame.

— Ah! Et qu'a-t-elle de mal? vous la trouvez trop sombre peut-être?

— J'aime mieux celle que vous portiez l'an dernier, à la fête du palais Doria.

— Vous étiez au palais Doria le jour des Rogations? Ah! je ne vous ai pas vu.

— J'ai eu l'honneur de danser avec vous, de vous parler... Il paraît que vous oubliez aussi facilement vos danseurs que moi mes modèles...

— C'est charmant ce que vous dites là, maître! j'ai eu tant de danseurs, moi!

— Et moi tant de modèles!

— Vous êtes piqué, seigneur Van-Dick; excusez une plaisanterie... Mais si nous causons toujours ainsi, mon portrait n'avancera pas.

— Votre portrait est fini, madame.

— Fini ! Il n'y a rien sur la toile ! vous n'avez pas donné un seul coup de pinceau !

— Oui, madame, fini depuis un an. Nous pouvons sortir.

Van-Dick se leva, salua la comtesse et marcha d'un pas ferme vers la porte.

— Sérieusement, vous sortez ainsi ? dit la comtesse. Vous partez ?

— Je sors, et vous me permettrez d'emporter la clé de l'atelier ; je n'ai pas besoin qu'on me dérange et je veux rentrer ce soir pour mettre la dernière main à votre portrait.

— Faudra-t-il que je pose ?

— C'est inutile, le portrait est fait.

— Je n'y comprends plus rien. Quand me donnerez-vous le mot de cette énigme ?

— Demain.

— Dois-je en parler à mon mari ?

— Comme vous voudrez.

— Je n'en dirai rien.

— Ce sera mieux.

Van-Dick ferma la porte de l'atelier à double tour et alla rejoindre, sur la terrasse, le comte et Pallavicini.

— Voilà une première séance bien courte et qui ne fatigue pas ! dit Brignole.

— Je viendrai ce soir faire la dernière, répondit le peintre d'une voix calme.

— C'est vraiment d'une merveilleuse facilité ! il n'y a que vous, maître, pour travailler ainsi.

Van-Dick et Pallavicini sortirent du palais ; et quand ils eurent dépassé l'église Saint-Charles, Pallavicini interrogea brusquement son ami.

— Voyons, comment te trouves-tu ?

— Guéri.

— Complétement ?

— Il ne me manque plus que le remède dont tu m'as parlé. Maintenant il sera efficace.

— Tu l'auras!

— Une folle échappée du couvent! une étourdie qui vous tue à chaque mot! deux jours de mariage et les allures d'une coquette de quarante ans!

— Bien, bien! je suis content de toi, mais il faut persister dans cette conversion...

— Oh! sois tranquille... Comment nommes-tu cette personne dont tu m'as tant parlé?

— Ce soir, nous la verrons, je te le promets... Tout est préparé. On t'attend.

— A ce soir, donc! attends-moi devant Saint-Charles à sept heures; j'ai une affaire à terminer.

Van-Dick courut chez lui et détacha du mur de son alcôve un tableau sans cadre et voilé : c'était le portrait en pied de la comtesse Brignole qu'il avait peint de souvenir, magnifique chef-d'œuvre, exécuté dans le délire d'une ardente passion ; seulement on s'apercevait que la main si ferme de l'artiste avait tremblé sur le sein de l'adorable femme et que l'émotion de l'amant avait trahi la vigueur ordinaire de son pinceau.

Van-Dick s'enveloppa de cette toile comme d'un vêtement, jeta son manteau par-dessus, et retourna au palais Durazzo. Il traversa hardiment la galerie sans se faire annoncer, ouvrit l'atelier, et plaça dans un cadre le portrait de la comtesse; puis, appelant un domestique, il lui dit :

— Annoncez à M. le comte que le portrait de sa femme est terminé.

Et il sortit.

Quelques jours après, il épousait la fille de lord Rutwen, comte de Gorée ; mariage qu'il improvisa, grâce aux actives et intelligentes négociations de Pallavicini. Mais le pauvre artiste avait été blessé au cœur : il mourut de phthisie à l'âge de quarante ans. Les femmes ont tué beaucoup d'artistes et les artistes n'ont jamais tué de femmes.

Telle est l'histoire qui m'a été contée un jour au palais Durazzo, à Gênes, devant le portrait de la comtesse Brignole, peint par Van-Dick.

FIN DE VAN-DICK.

MARIA

MARIA

Après une représentation des *Puritains*, au *King's Theatre*, à Londres, en juillet 1838, je sortis avec le célèbre artiste L..... pour respirer un peu de fraîcheur dans *Portland Place*. La journée avait été brûlante, et la soirée aussi. Minuit sonnait à Saint-Martin.

Nous entrâmes au parc Saint-James; il y avait beaucoup de monde, mais de ce monde nocturne et fantasque, inconnu du soleil. La grande pièce d'eau étincelait de la double lumière de la lune et du gaz. C'était, sous les arbres, une espèce de jour d'un violet clair, comme celui qu'on fait au théâtre avec des verres de couleur. Des Anglais péripatéticiens lisaient les journaux de la nuit, assis sur des banquettes; des sentinelles gardaient je ne sais quoi sur l'escalier de *Carlton House*; des ombres blanches de femmes erraient dans les allées comme des tourbillons d'âmes élyséennes au bord du Styx; personne ne parlait dans ce monde vagabond et étrange. On eût dit que tous les somnambules de Londres étaient venus faire leurs exercices de nuit sous les arbres de ce beau jardin.

On sait que L..... est un des premiers artistes de l'Europe; mais ses amis savent qu'il est aussi le causeur et le conteur le plus brillant et le plus gracieux qu'on puisse entendre. L..... a beaucoup voyagé, beaucoup lu, beaucoup observé. Sa mémoire est pleine de délicieuses histoires, son esprit est plein d'idées. On l'écoute avec autant de charme qu'on lit un beau livre. C'est surtout dans ces heures tranquilles où les entretiens ont tant d'attrait, que j'aimais à écouter le grand artiste, soit qu'il me parlât de Naples, en entremêlant ses récits de quelque cantilène de Chiaïa; soit qu'il me parlât de sa vie d'Angleterre, toute pleine de triomphes : passant ainsi du Midi au Nord, du soleil à la brume; tantôt lazzarone, tantôt philosophe, toujours spirituel et éminemment observateur.

Cette nuit-là, il s'abandonna de verve à cette causerie intime qu'inspire une fraîche promenade d'été. Il me raconta une simple histoire que j'aurais voulu écrire sous sa dictée, et peindre avec des couleurs de palette plutôt qu'avec des phrases d'historien, parce que jamais ce papier froid et mort, ces signes conventionnels qui représentent des idées et des sensations; jamais ces plats hiéroglyphes de l'alphabet, enveloppés d'une feuille blanche comme d'un linceul, ne pourront remplacer la voix, les gestes, l'organe passionné, les modulations harmonieuses d'un narrateur éloquent. Il faudrait que chaque ligne de mon livre fût notée comme un *libretto* d'opéra, et que le lecteur pût entendre ces récits tels qu'ils ont été chantés par un poëte artiste; il faudrait que chaque page fût illustrée d'une de ces belles gravures anglaises où le burin colore comme le pinceau, afin que cette histoire conservât encore dans le sépulcre du livre un peu de ces parfums que les fleurs, les arbres, le gazon, nous versaient avec les tièdes rayons de la lune, dans cette nuit de mélodie et d'amour. Telle enfin que mes souvenirs me la rendront, je veux essayer de la redire, cette histoire ; je n'y changerai que quelques noms, parce que mes personnages ne sont pas des héros de roman.

J'écoutais encore le récit du grand artiste, et l'aube d'été blanchissait déjà la statue du duc d'York sur sa colonne, et les tours de Westminster aux extrémités opposées du parc. Le soleil montait à l'horizon quand cette histoire fut terminée. Je croyais sortir d'un rêve ; il me semblait que je m'étais endormi sur la grande pelouse devant *Carlton Terrace*, et que je me réveillais, la tête remplie d'un nouveau monde d'idées, où le gracieux murmure de la mer, au golfe de Naples, chantait un trio avec la vague polaire de l'Océan et la rivière de Mersey, sur les grèves brumeuses de Liverpool. Une nuit de veille ainsi occupée donne à l'esprit l'incohérence de la folie. Cette brusque interruption de nos habitudes bouleverse le cerveau ; tout prend un air étrange au premier rayon du soleil, mais plus étrange encore si l'on se trouve en pays lointain, et entouré de monuments qui servent, pour la première fois, de cadres à nos rêveries. Après avoir quitté le grand artiste qui m'avait conté cette histoire, je le suivis longtemps des yeux dans *Regent's street*, et je le vis disparaître dans la colonnade fantastique de *Quadrant*, où était sa demeure. Resté seul avec mon rêve, je rentrai dans ma maison de *King William street*, pour payer au sommeil l'arriéré de la nuit. A mon lever de midi, je courus au parc Saint-James, que le soleil éclairait à travers une gaze de brume qui jaunissait ses rayons. Je m'assis sur une banquette, et j'écrivis, dans toute la fraîcheur de mes souvenirs, les premiers chapitres de cette histoire, comme on écrirait un rêve sous les premières impressions du réveil.

I.

Il y a cinq ou six ans, — la date importe peu, — deux jeunes gens causaient, après souper, dans une chambre de l'*Osteria-Nuova*, à Chiaïa, à Naples. L'un, âgé de vingt-cinq ans, se nommait Patrick O..... C'était un Irlandais voué à l'état ecclésiastique ; son costume était sévère comme sa figure. Il avait des cheveux d'un blond ardent comme de l'or en fusion ; ses traits, d'une régularité mâle, gardaient cette pâleur nerveuse qui ne vient pas des souffrances du corps, mais des inquiétudes de l'âme. Sur ce fond mat d'une figure tourmentée, luisaient deux yeux noirs et orageux comme des nuages remplis d'éclairs. La contraction du sourire semblait avoir été oubliée dans le mécanisme de ce visage qui exprimait tout, et à tout instant, excepté le plaisir. L'autre jeune homme était à peu près du même âge : il avait une belle figure brune, et des cheveux vagabonds d'un noir d'Érèbe. C'était le contessino Lorenzo C..... légataire à vingt ans d'une fortune immense, qu'il prodiguait sans l'épuiser. L'opulence rayonnait sur toute sa personne : il étalait avec un orgueilleux dédain une pléiade de diamants à ses doigts annulaires, et la constellation complète d'Orion, en rubis balais, sur son jabot de batiste ; toujours prêt à jeter ses étoiles à un ami, à une femme, à un saltimbanque, à un indigent.

L'arrivée d'un domestique suspendit la conversation des deux jeunes gens. On venait leur annoncer que le vaisseau *l'Erinn* allait mettre à la voile, et qu'on n'attendiat plus qu'un passager.

Ce passager était Patrick.

Ils se levèrent vivement, et se dirigèrent vers le môle. Patrick, un pied sur la terre, et l'autre dans le canot, fit ainsi ses adieux à son ami :

— J'ai quitté Rome sans regret; j'y serais devenu sceptique et j'y aurais exercé, à l'exemple de tant d'autres, un sacerdoce d'habitude comme on fait un métier. J'aime mieux être prêtre dans quelque bourg catholique de mon Irlande. Je prendrai les ordres à Dublin, à la première ordination. Adieu, mon cher Lorenzo; nous nous reverrons quand Dieu le voudra.

— Patrick, répondit le jeune Italien, dans quelque position que le ciel te réserve, si jamais mon amitié peut te rendre un service, songe à moi, et ne songe à personne qu'à moi.

Ils se serrèrent énergiquement les mains, et le canot partit.

L'Erinn mit à la voile et cingla vers la haute mer. Patrick contempla longtemps, accoudé sur la dunette, le doux rivage de Naples, et descendit, à l'entrée de la nuit, dans l'entrepont pour se reposer. La mer était agitée, le vent contraire. Patrick prit le parti de s'endormir, pour laisser passer le mauvais temps sans être incommodé par la mer.

A son réveil, il fut bien étonné d'apprendre que *l'Erinn*, n'ayant pu tenir la mer, était rentré à Naples, et que les passagers avaient la faculté de descendre à terre. Il était alors huit heures du soir.

Patrick usa de la permission avec empressement. Il courut à l'hôtellerie, dans l'espoir d'y trouver Lorenzo; mais le jeune homme était sorti. Le garçon d'auberge dit à Patrick que son ami avait pris la direction de San-Carlo, et que fort probablement il était à l'Opéra.

On jouait, ce soir-là, *Semiramide.*

Patrick hésita quelques instants par scrupule ; puis, se souvenant des facilités profanes que le clergé italien se donne volontiers à l'endroit du théâtre, il courut à San-Carlo, prit un billet de parterre et entra. Patrick avait toujours vécu loin des plaisirs et des spectacles mondains. C'était la première fois qu'il se mêlait à une foule dans une salle de théâtre.

San-Carlo retentissait d'instruments et de voix. On aurait dit que l'harmonieuse salle chantait avec toutes ses loges, car les sons de la scène et de l'orchestre, ne trouvant aucun obstacle dans l'ellipse immense, la remplissaient toute, comme un ouragan de mélodie élancé du golfe de Baïa. On était arrivé à la scène du *serment* et du *trône.* Le roi des Indes, le pontife, Arsace, les Syriens, le peuple, les mages, juraient fidélité à la reine de Babylone, dans une langue d'amour inouïe ; et Sémiramis, du haut de son trône, versait à pleine voix, sur tout ce monde en délire, des torrents de notes mélodieuses, comme des perles prodiguées à l'infini. Le chant du cor, tout rempli d'une volupté langoureuse, s'élevait par dessus toutes ces voix, comme l'écho de l'Euphrate, dans une nuit d'Orient, roule des soupirs ineffables qui montent au sommet de Babel. Le puissant amour, fils des siècles antiques, embrasait le théâtre et semblait avoir enfin trouvé une langue merveilleuse, oubliée dans Babel, pour réveiller un sens inconnu et exciter la terre à des folies sans nom, telles que les anges en accomplirent avec les filles des hommes, aux époques antédiluviennes, quand le monde trembla sous les hyménées des géants. Auprès de cette harmonie inconnue, chantée par des voix et des cuivres surhumains, toute parole ressemblait au bégaiement de l'enfance ou au vagissement du berceau. C'était comme la révélation de ces hymnes mystérieux qui éclataient la nuit, dans les profondeurs des pyramides babyloniennes ou dans les chapelles souterraines d'Isis; c'était un écho de ce vent iduméen qui soufflait une volupté sanglante et fatale sur les villes maudites, et *changeait la forme des montagnes* dans une nuit de désolation; et toutes ces voix, ces chants, ces stridents accords du cuivre et de la corde, ces élancements de notes sublimes, cette éruption de mélodie incréée, toute cette furie d'amour semblait éclater, par un prodige des mages, sous les pieds divins d'une femme, belle comme le soleil d'Orient, embaumée comme l'Arabie Heureuse, vêtue de pourpre et d'or comme les reines d'Ophir et de Saba.

Le jeune ecclésiastique irlandais, qui venait d'entrer à San-Carlo pour y chercher un ami, oublia cet ami, s'oublia lui-même, et s'arrêta, debout, la main droite incrustée sur la première banquette, immobile, comme une statue, sous le saisissement de cette foudroyante révélation; son âme, subitement envahie par le démon de ces voluptés extérieures, fut vaincue avant la lutte, ainsi qu'il arrive au soldat imprudent qui passe désarmé sur les limites de l'ennemi et succombe avant d'avoir reconnu son erreur. Patrick garda sa position extatique jusqu'à la chute du rideau. Il vit et entendit ce rêve immense que Rossini nous apporta des lagunes de Venise lorsqu'il s'endormit dans la cité mystérieuse, ce sublime évocateur du passé. Le jeune Irlandais, fils de cette terre virginale qui assiste à l'éternelle symphonie de l'Océan et des montagnes, avait une de ces intelligences d'élite qui s'initient du premier coup au secret des grandes créations; il passait, sans transition, des innocentes harmonies de Palestrina à la furie musicale de la *Semiramide*, de la cataracte de Terni à la cataracte de

Niagara. Il n'eut pas même le temps d'appeler son ange gardien à son secours, afin d'obtenir la grâce d'une pensée pieuse, dans ce déluge de pensées profanes qui pleuvaient dans son cœur. Il fut emporté violemment à travers les cris de cette Babylone ressuscitée pour embrasser Balthazar et repousser Daniel. Tout fut saisi au vol, et recueilli par lui, et deviné d'inspiration dans cette fatale soirée; son oreille, son esprit et son cœur s'associèrent pour le servir et le faire marcher, sans rien laisser en arrière, à la conquête spontanée de l'inconnu. Mais peut-être encore cette musique, ces voix, ces chœurs, cette pompe, se seraient évanouis avec les ombres de la nuit, si toute cette séduction théâtrale ne s'était pas incarnée dans le corps d'une femme. Désormais, pour Patrick, ce long ravissement d'artiste était inséparable de la cantatrice superbe et rayonnante comme la Sémiramis dont elle portait le nom.

Depuis les jours antiques, où les cirques et les amphithéâtres versaient par les vomitoires un monde de spectateurs rassasiés d'un spectacle prodigieux, on n'avait pas vu, en Italie, pareille foule, le soir de cette représentation de *Semiramide*. La place publique et les rues avoisinant *villa Reale* étaient encombrées à la sortie du théâtre; si bien que Patrick fut roulé comme un brin d'herbe dans une mer orageuse, et emporté bien loin de son hôtellerie de Chiaïa. Au reste, cette foule qui faisait ainsi violence au jeune Irlandais lui était favorable en ce moment, car elle lui donnait un étourdissement qu'il aurait voulu prolonger à l'infini, ne voyant rien de plus redoutable que le calme et la solitude, après cette agitation secourable qui ondoyait autour de lui; mais aucune tempête n'est plus vite apaisée qu'une tempête de foule après un spectacle. Minuit sonne sur le silence et le désert, et de tout ce fracas de multitude folle, il ne reste que les sons lents tombés des clochers voisins, symphonie monotome comme le chant qui invite au sommeil. Bientôt, de tout ce monde agité, Patrick seul était debout et veillant. Marchant au hasard, il était arrivé sur les rives du golfe, et là, comme brisé par la fatigue d'un long voyage, il s'assit sur une pierre, et médecin de lui-même, il se recueillit pour examiner sa blessure intérieure et lui porter un remède immédiat, sans attendre le lendemain.

Patrick était seul en réalité, mais une ombre l'avait suivi ; une ombre plus terrible que celle de Ninus !

C'était pour Patrick qu'un poëte italien avait fait cette strophe :

> « A Saint-Charles, cirque où l'on chante
> « Sous un ciel tiède, au bord de l'eau,
> « Quand expire la voix touchante
> « Du jeune Arsace ou d'Othello ;
> « Quittant Venise ou Babylone,
> « On va rêver sous la colonne,
> « Près de la mer que nous aimons ;
> « Et comme une ouverture immense,
> « L'opéra fini recommence,
> « Chanté par la mer et les monts. »

Hélas ! elle recommençait pour Patrick cette soirée d'enivrement, de mystère, d'émotion inconnue, de formidable volupté. Le spectre de Babylone se dressait dans les vapeurs diaphanes de la nuit, sur les flancs de cette montagne, qui elle aussi a brûlé des villes coupables ensevelies à ses pieds. Le vent nocturne, qu'un démon embaume de tous les parfums de Vénus Aphrodite, soufflait de l'archipel napolitain, dont les îles sont des cassolettes toujours fumantes ; et cette langueur mystérieuse qui descendait de partout et conseillait l'adultère, semblait donner un démenti au Roi psalmiste, qui, la nuit, demandait à Dieu de le sauver de la flèche volante dans le jour, et de l'obsession irrésistible du démon de midi. Patrick était percé de la flèche qui vole à la lueur des constellations de minuit. Arrivé au délire de la pensée, il se persuada que tout ce qu'il avait vu à San-Carlo n'était qu'une vision de l'enfer, un verre d'optique placé par le démon devant ses yeux; que le monde n'avait pas assez de pouvoir en ses mains pour créer de pareilles réalités de séduction; que, parmi toutes les filles des hommes, il n'y avait pas une femme comme la puissante artiste, reine à San-Carlo; que le démon androgyne de la volupté, nommé Artasté dans les lieux profonds et maudits, avait pris un corps humain pour séduire un pauvre chrétien et l'arracher au service des autels.

Patrick fit un signe de croix, et il lui sembla qu'autour de lui toutes les formes se faisaient douces et riantes, et que des anges descendus sur cette terre la purifiaient des émanations infernales de la nuit. Plus tranquille après une courte prière, il appuya sa tête sur un oreiller d'algues sèches, et il s'endormit.

II.

Le soleil de printemps était levé depuis quelques heures, lorsque le jeune ecclésiastique irlandais se réveilla. Habitué, dès son enfance, à dormir aux étoiles dans les montagnes de Wicklow, il avait eu pour son repos une nuit aussi bonne qu'à l'hôtellerie de Chiaia. A genoux sur la pierre du rivage, il fit sa prière du matin dans le plus magnifique oratoire que Dieu ait donné à l'homme pour recevoir ses hommages; et, trempant ses mains dans le golfe comme dans la conque d'un bénitier naturel, il oignit son front de cette eau sainte qui remonte aux réservoirs du ciel.

Un souvenir vaporeux comme la gaze d'un songe reporta l'Irlandais vers les images sensuelles de la veille, et le jeune chrétien s'indigna de sa faiblesse, et fit un énergique appel à ses devoirs pour arracher de son cœur le dernier atome de cette lie impure qu'avait déposée en lui la coupe d'un démon. Les heures matinales sont pieuses : elles prédisposent l'âme à de bonnes résolutions, à de saintes pensées. Patrick écouta dévotement les voix qui parlaient autour de lui sur le golfe, la ville et les montagnes. C'était partout un hymne chaste entonné à la création. Il donna le sourire calme des élus à cette nature tranquille, pleine de son Créateur, et il s'achemina rapidement vers le port, avec l'espoir de prendre son vol vers la douce Irlande, à la faveur de cette sérénité du ciel qui réjouissait les mariniers.

— Oh! quand je te reverrai, se disait-il mentalement, vieille église de mon saint patron, vénérable métropole de Dublin, je me précipiterai à l'ombre de tes deux nefs, comme la jeune colombe sous les ailes de sa mère, et je ne craindrai plus rien de ce monde infâme et tentateur!

Comme il arrivait sur le môle, il vit venir à lui un domestique de Lorenzo, qui le salua et lui dit :

— Mon maître vous fait chercher partout depuis le lever du soleil; il a envoyé des cavaliers sur toutes les routes de Naples... Maintenant il n'est plus temps; l'*Erinn* a mis à la voile et il est déjà bien loin.

Et le domestique montrait du doigt la place vide où l'*Erinn* était amarré.

Patrick fit un mouvement nerveux, leva les yeux au ciel et soupira.

Le domestique croisa ses bras et regarda le port. Il avait rempli sa mission.

Après une longue pause, Patrick, qui ne savait à quelle résolution s'arrêter, fit cette question au domestique.

— Où est ton maître?

— Mon maître, répondit celui-ci, n'est plus à la *locanda* de la Victoire; il est à la villa de Sorrente, et il m'a chargé de vous y conduire, si c'est le bon plaisir de Votre Seigneurie! Voilà votre canot, là, tout prêt avec quatre rameurs.

— Eh! s'écria Patrick, pourquoi ne parlais-tu pas d'abord de ton canot?... Vite, vite en mer! il y a une bonne brise... vite, vite à la voile et à la rame! nous atteindrons *l'Erinn*.

Et entraînant avec lui le domestique, il s'élança dans le canot, et délia lui-même les cordes de la voile roulée à l'antenne.

Le canot partit comme la flèche, et le visage de Patrick rayonna.

— Croyez-vous, dit Patrick au marinier du timon, qu'en allant de cette vitesse, nous pourrons atteindre *l'Erinn?*

— Atteindre *l'Erinn!* répondit le timonier avec un éclat de rire goguenard; si vous étiez oiseau, vous ne l'atteindriez pas... Ce n'est pas un bâtiment sicilien, celui-là; c'est un anglais. Comprenez-vous? c'est un anglais! le vent ne l'atteindrait pas!

— Essayez toujours, dit Patrick.

— Oh! nous pouvons faire une promenade, dit le marinier en riant; vous prendrez de l'appétit en mer.

Lorsque l'horizon se fut dévoilé dans toute son immensité, Patrick le mesura d'un œil mélancolique, et il n'aperçut aux limites de la mer que quelques petites voiles latines d'une blancheur éblouissante. C'étaient des bateaux de pêcheurs. *L'Erinn* avait disparu.

— Allons-nous à villa Sorrentina? demanda le timonier.

— Allons! répondit Patrick d'une voix désespérée.

Et, se laissant tomber sur un banc, il garda un morne silence jusqu'à l'arrivée.

Là, rien ne put le distraire des réflexions pénibles qui l'accablaient en foule : ni la petite baie riante qui servait de débarcadère à la villa Sorrentina ; ni les touffes d'orangers suspendues sur une eau calme qui réfléchissait l'or des fruits et l'argent des fleurs ; ni l'aspect enchanté de la villa endormie dans les pins, les arbres de Judée, les palmiers et les acacias. Le milieu du jour l'eût trouvé peut-être encore dans cette attitude de désespoir, si la voix d'un ami ne l'eût réveillé comme en sursaut au milieu d'un pénible songe.

— Eh bien ! Patrick, s'écria Lorenzo avec une voix joyeuse, tu relâches à Sorrente en allant à Dublin ?

Patrick se secoua vivement et s'improvisa une assurance par nécessité. Il sauta légèrement sur la rive, serra les mains de Lorenzo, et fit une pantomime qui pouvait signifier :

— Me voilà ; je suis résigné à ce contre-temps.

— Je suis enchanté, moi, de ce contre-temps, dit Lorenzo ; j'étais vraiment désolé de n'avoir pu te faire les honneurs de ma charmante villa. Regarde, mon ami ; cela vaut bien la baie de Kingstown et le Kippure, n'est-ce pas ?

— Cela est beau, dit Patrick ; mais cela n'est jamais la patrie.

— Mon ami, souviens-toi de ce que je te disais, quand nous étudiions la philosophie au séminaire de la Propagande : Il n'y a pas de patrie sans orangers. Cet arbre essaie le climat et semble vous dire : Tu peux vivre ici, car j'y suis.

— Lorenzo, après quatre ans d'exil, je t'avoue que les forces me manquent, si je ne vois pas mon Érinne avant la fin du printemps.

— Enfant ! tu la reverras, ton Érinne ! mais tu te

reposeras un instant ici en passant. Comme j'ai repris ma gaieté, rien qu'en te revoyant! J'étais si triste hier soir, à mon arrivée de Rome à Naples! Et moi aussi, je suis exilé; moi, né à Sinigaglia, sur le bord de la triste Adriatique! mais j'adopte Naples et Sorrente, deux charmantes filles qui valent mieux que Sinigaglia. Ah çà! dis-moi, où as-tu passé la nuit, si je puis te faire pareille demande sans indiscrétion?

— La nuit? dit Patrick, s'efforçant de sourire... j'ai passé la nuit sur le bord de la mer... pour ne pas manquer le bâtiment.

— A merveille! la précaution était bonne... Et le bâtiment est parti sans toi? J'admire tes distractions... Et ton bagage? *L'Erinn* emporte ton bagage en Irlande?

Patrick fit un signe affirmatif.

— Tu n'as gardé que ce très-modeste habit de voyage... N'importe! je t'habillerai plus décemment.

— Et pourquoi?

— Voici. J'ai du monde à la villa... Cela t'étonne?.. Oui, je donne à dîner... à des amis... des artistes.

— Il y a des femmes! dit Patrick reculant d'un pas.

— Des femmes! non... non. Quelle peur des femmes! Sois tranquille... il y en aura une peut-être... une... mais ne t'effraie pas ainsi... ce n'est pas une femme...

— Et qu'est-ce donc?

— Tu verras... Nous serons gais, nous chanterons le *Dies iræ* de Pergolèse... nous boirons du champagne... C'est un petit dîner que j'ai improvisé, hier soir, dans les coulisses de San-Carlo, avec d'anciennes connaissances... Ne t'effarouche pas ainsi... Est-ce que tu n'es pas tolérant depuis ce matin? Que veux-tu? moi, je suis un mondain et un mauvais sujet, comme un échappé du froc... Aussi, pourquoi mon oncle est-il mort?... je serais diacre comme toi, et bon chrétien comme toi... Un héritage et Naples m'ont perdu. Ote Naples et les héritages de ce monde, et je dis la messe à Saint-Jean de Latran. Naples, vois-tu! c'est le démon; et le Vésuve, c'est l'enfer. Voici le paradis terrestre. C'est dans ma villa qu'Ève a tenté Adam.

— Quel langage me tiens-tu là! dit Patrick avec ce ton moitié sévère, moitié amical, que prend un ecclésiastique qui sait compâtir aux faiblesses humaines. Vraiment, Lorenzo, tu me scandaliserais, si je n'étais si fort de la grâce de Dieu. Écoute-moi : je n'accepte pas ton dîner... Tu me donneras un appartement solitaire, je m'y cloîtrerai tout le jour; et si vous faites vos saturnales du côté du nord, donne-moi une chambre du côté du midi. Je prierai pour vous tous.

— Écoute-moi, Patrick, nous sommes seuls encore; ma flottille de canots chargés de convives n'arrivera que dans une heure. Tu as le temps de recevoir ma confession. Je t'ai trouvé hier à la *locanda* de la Victoire, en arrivant de Rome; depuis un an je ne t'avais pas vu. Bien des choses arrivent dans un an! le sage devient fou. Il n'a fallu qu'une minute au saint roi David pour voir Bethsabé au bain et pour aimer la femme d'Urie. Je n'ai pas la prétention d'être aussi expéditif dans mes passions. Il me faut un an pour me corrompre. Que diable! l'homme n'est pas parfait! J'ai donc quitté Rome après Pâques pour tomber à Naples, hier, à l'ouverture de San-Carlo. On jouait la *Semiramide*; je suis fou de cet opéra. Si l'on ne joue pas la *Semiramide* au paradis, je refuse la porte à saint Pierre. Tout cela est de l'hébreu pour toi, mon cher ami, mais je suis obligé de te parler hébreu. J'ai une idée dominante dans le cerveau, et je la jetterais à cet arbre s'il me manquait un auditeur. Patrick, récite un *Miserere* à mon intention : je suis amoureux!

— Je ne vois pas de mal à cela, mon fils : l'amour est permis à l'homme, l'amour chrétien. Jésus-Christ a institué le mariage.

— Je respecte infiniment le mariage, mon cher catéchiste ; mais je le cultive peu... Le mariage est une chose si sacrée, que je me tiens à distance par respect.

— Si c'est une passion mondaine que tu as au cœur, Lorenzo, il faut demander à Dieu la grâce de la combattre.

— Écoute, mon cher abbé : nous avons passé trois années ensemble au séminaire, tu t'en souviens? j'ai entendu donc trois fois trois cent soixante-cinq discours dans le genre de ceux que tu me fais. Il me semble que c'est suffisant.

— Eh! qu'attends-tu de moi? Crois-tu que je vais oublier mon ministère pour te donner des conseils impies? Si tu persistes dans tes égarements, je me tairai et je ferai à Dieu une sainte violence pour qu'il t'éclaire dans ta nuit et te conduise au chemin de la paix.

— Merci!

— Tu te fais plus libertin que tu ne l'es, mon pauvre Lorenzo!

— Oh! laissons les sermons à la chaire de saint Janvier.

— Comme tu voudras.

— Patrick, donne-moi ton secret : comment diable fais-tu pour être saint?

— Lorenzo, je ne suis qu'un pécheur ; le juste pèche sept fois par jour.

— Il est bien heureux, ce juste-là!

— Lorenzo, laisse-moi partir ; ma présence ici gênera ta société, qui ne me paraît pas fort dévote, si j'en juge par toi.

— Tu resteras! tu resteras!... Partir ! y songes-tu? sais-tu bien ce que tu perdrais en partant? Je veux que tu dises, à Dublin, que tu as dîné... devine...

— Avec?...

Et Patrick trembla.

— Avec notre grand Rossini, l'auteur de la *Semiramide!*.. Eh bien! reconnais le pouvoir d'un nom, mon cher Patrick... te voilà tout bouleversé! tu es pâle d'émotion... Ah! c'est que tu es artiste, toi, à ton insu. N'est-ce pas toi qui nous a mis en musique, au Vatican, les lamentations de Jérémie? Je me souviens que ton *Aleph* me donnait des frissons. Tu es un grand musicien, te dis-je, parole d'honneur!... Voyons, as-tu le courage de partir maintenant?

— L'auteur de la *Semiramide* ne peut être qu'un démon.

Patrick roula des yeux sinistres et Lorenzo poussa un grand éclat de rire. Quand le rire fut calmé, il dit à Patrick, en l'entraînant vers la maison :

— Si Rossini est un démon, tu feras le signe de la croix à table, et il disparaîtra. Nous dînerons plus à l'aise avec un convive de moins.

— Lorenzo, tout bien réfléchi, je reste.

— J'ai deviné. Tu veux voir Rossini?

— Oui.

— Tu le verras. C'est un bon enfant, et pas plus démon que musicien! un farceur qui rit toujours! qui raconte un tas d'historiettes à mourir de rire, et qui déteste les gens sérieux!

— L'auteur de *Semiramide!*

— Eh oui, l'auteur de *Semiramide*, qui mange admirablement et ne parle jamais musique; le meilleur vivant que l'Italie ait nourri de macaroni. Tu vas le voir dans un instant, ce bon démon!... Va t'habiller... Tiens, voilà ma clé. Ce domestique t'indiquera mon vestiaire. Tu choisiras dans les nuances : brunes ou gaies. Tous mes habits sortent de l'atelier du *Monte-Citerio;* c'est élégant au dernier point. Va, je t'attends; notre flottille ne peut pas tarder.

— Au fond, se dit à lui-même Patrick en montant au vestiaire; au fond, je ne transgresse aucune loi canonique. Il n'est pas défendu à un sous-diacre de voir Rossini. Qui sait même si Dieu ne m'a pas destiné à le convertir !...

III.

Tous les artistes du théâtre de San-Carlo, chanteurs, choristes et musiciens, garnissent le rivage de la mer, sous la villa Sorrentina. Lorenzo, en habit de gala, est à leur tête, tout prêt à leur donner un ordre que les artistes semblent attendre avec impatience. A côté de Lorenzo, Patrick se fait remarquer par sa contenance équivoque, et un costume accusé d'emprunt par la gaucherie avec laquelle il est porté.

On voit à un mille de distance la flottille des canots attendus. Elle est superbement pavoisée aux couleurs de Naples et Sicile: elle vole sur la surface de l'eau avec l'agilité d'une troupe de goëlands. Encore quelques élans des rameurs, et la colonie est arrivée.

Patrick se pencha mystérieusement à l'oreille de Lorenzo, et lui dit d'une voix émue :

— Ou mes yeux me trompent, ou quelque chose d'affreux se prépare... il y a une femme dans le premier canot!

— Je te dis que ce n'est point une femme! fit Lorenzo l'œil en feu; c'est un ange, une divinité, un miracle vivant... un phénomène qui parle, chante et rit... une vision, un songe palpable, un démon du paradis! mais ce n'est point une femme, Patrick...

Et il donna un signal aux choristes et aux musiciens.

Aussitôt les oiseaux cessèrent de chanter dans les acacias, et la mer fit silence. Le chœur de *Semiramide :*

Fra tanti regi e popoli,

attaqué d'abord par une seule voix de basse, puis répété par la foule, éclata en plein air, libre et joyeux, délivré des coulisses de carton peint et d'un soleil à l'huile, répandant au loin sur la colline, les bois, la mer, un enchantement divin. On aurait dit que les notes rossiniennes, élancées vers le ciel, retombaient en pluie de gouttes d'or sur des lames de cristal, et que toute la campagne se faisait harmonieuse pour saluer le créateur de la *Semiramide !*

Patrick invoquait son patron et désespérait de la grâce. La flottille abordait au rivage. Le chœur chantait toujours.

On entendit un long et mélodieux éclat de rire, un éclat de rire admirablement chanté comme un *concerto* de violoncelle, et une jeune femme s'écria :

— Très-bien ! très-bien, mes amis !... Superbe ! seigneur Lorenzo !... Jamais la reine de Babylone n'a été reçue avec cette pompe ! N'est-ce pas, mon cher maëstro, qu'on ne chantait pas aussi bien à Babylone, vous qui avez vécu de ce temps-là ?... A mon tour.

Et la femme, jetant aux branches d'un oranger son léger chapeau de paille, et laissant tomber sur son cou ses beaux cheveux noirs, entonna le *Fra tanti regi,* comme à San-Carlo. Rossini cueillit une orange et la mangea.

A la fin du chœur et de la scène, Patrick dit à Lorenzo :

— Ce lieu n'est pas bon pour moi... je vais me jeter dans un canot et rentrer à Naples.

Et il allongeait le pied déjà, lorsque Rossini l'aborda joyeusement et lui dit en lui serrant la main :

— Où allez-vous donc, jeune homme ?... vous nous quittez ?

Patrick rougit et balbutia quelques paroles décousues.

— Moi, je ne vous quitte pas, dit Rossini. Allons, mon enfant, vous êtes trop timide ; prenez mon bras et *andiamo a cantina* : j'ai faim... N'est-ce pas, seigneur Lorenzo, que l'absinthe du golfe de Baïa vaut mieux que celle du café Anglais ?... Oh ! le seigneur Lorenzo est sourd, il s'est emparé de la *diva !*...

Patrick, entraîné par Rossini vers la table du festin, ressemblait à un cadavre attaché à un corps vivant. Il ne sortit de son évanouissement moral que sur son fauteuil de convive et à la voix de Rossini, qui s'extasiait sur l'ordonnance du repas.

Le jeune Irlandais donna un coup d'œil rapide autour de lui, et il faillit succomber cette fois à son émotion, en se trouvant placé en face de Lorenzo et de la redoutable femme de San-Carlo. Il ne distingua que confusément les cinquante personnes qui couronnaient la table, cette foule était comme perdue dans les rayons de Sémiramis. Le voisin de droite, Rossini, restait seulement visible pour Patrick.

Le silence est ordinairement l'ouverture à la sourdine de tout festin d'artistes ; mais, la première faim assouvie, un *tutti* de voix éclata avec plus ou moins d'accord. A la faveur du fracas du second service, Patrick reprit insensiblement ses facultés physiques et morales, et il se recueillit même pour tourner un compliment à ce grand Rossini, son voisin, qui avait eu pour lui tant d'affectueuse politesse sans qu'il le méritât. Raffermissant sa voix avec un verre de vin de Lacryma-Christi, Patrick se tourna vers le maestro, et s'inclinant sur son assiette, il dit pompeusement :

— Cygne de Pézaro...

Rossini l'arrêta brusquement en agitant sa fourchette, comme un sceptre.

— Je sais cela, je sais cela, mon cher!...

— Harmonieux fils de l'Ausonie, continua Patrick.

— Oui, oui, touchez-moi la main, mon brave jeune homme, et laissons les cygnes et l'Ausonie en repos. Voulez-vous que je vous apprenne à faire une bonne sauce à votre filet? c'est bien simple. Coupez une tranche de limon, exprimez le jus dans de la poudre de piment d'Espagne et de bon carick de Java; délayez le tout dans un anchois fondu à l'huile, et vous m'en direz des nouvelles. Cette recette vient de M. de Cussi... inclinez-vous devant ce grand nom !

Rossini s'aperçut qu'il avait offensé Patrick, et, se penchant à son oreille, il lui dit :

— Est-ce que l'accueil que je vous ai fait ce matin ne vous a pas étonné?

— Quel accueil m'avez-vous fait? demanda Patrick avec cette dignité que prend subitement un homme fier qui croit avoir reçu une offense.

— Je vous ai abordé comme un ami de vingt ans.

— Un instant je m'en suis enorgueilli : vous ne me connaissiez pas...

— Je vous connaissais! je vous connaissais! dit Rossini avec une émotion qu'il s'efforçait de déguiser.

— Et où m'avez-vous vu? demanda Patrick d'un ton d'inquiétude.

— Hier soir, dit Rossini à voix très-basse, je cherchais un homme avec la lanterne de Diogène, à San-Carlo, et je vous ai vu.

— Moi? dit Patrick en pâlissant.

— Chut!... oui, vous, j'ai gardé votre visage toute la nuit, là, dans le front. Vous étiez superbe. J'ai fait *Semiramide*, pour vous et pour moi... maintenant brisons là. Buvez un verre de champagne avec moi.

Puis, apostrophant Lorenzo :

— Seigneur Lorenzo, avez-vous dîné quelquefois chez Biffi, rue Richelieu?

— Souvent, seigneur maëstro.

— On y fait bien les *ravioli*. Savez-vous, Maria, le meilleur faiseur de ravioli à Naples?

— Non, répondit Maria.

Si Rossini eût noté ce *Non*, il ne l'eût pas fait plus harmonieux à l'oreille.

— Maria, poursuivit Rossini, envoyez, tous les jours à midi, au coup de l'*Angelus*, votre domestique au traiteur du *Violon-d'Apollon*, vis-à-vis de Saint-Philippe de Néri... Ravioli première qualité.

Et Rossini continuait à remplir le verre de Patrick. Le jeune Irlandais, sobre de profession et de pays, buvait imprudemment, par politesse et par distraction, tout ce que lui versait le créateur de la *Semiramide*.

Au dessert, l'exaltation bouillonnait dans sa poitrine, et la moindre cause devait le faire éclater au dehors.

La conversation qui venait de s'établir n'était nullement du goût de Patrick. Il s'attendait à un entretien merveilleux et relevé que devait faire naître naturellement la présence de Rossini et de la célèbre cantatrice. Au lieu de cela, il assistait à une dissertation sur les *ravioli*, la *pasta-frolla*, les *pickles*, la cuisine de Biffi ; et ensuite, si de la cuisine on daignait s'élever à l'art musical, c'était alors une discussion furieuse sur les airs en *ut*, en *fa*, en *ré*, sur les *strette*, les *scherze*, les *cabalette*, les *accords de tierce*, les *andante*, les *allegro*, les *adagio*, les *majeurs*, les *mineurs*, les *trémolo*, les *sotto voce*, et surtout cet éternel vocabulaire technique, à l'usage des instrumentistes qui se plaisent à noyer la poésie et l'idée dans un dialecte magistral et assommant.

Rossini ne répondait à toutes les interpellations sur les *scherze* et les *cabalette* que par l'éloge du plat qu'il mangeait.

La célèbre cantatrice disait avec une grâce, un sourire divin, et un verre de punch glacé :

— Mon cher maëstro, je suis sincère, moi : je n'aime pas trop mon rôle de *Semiramide*... je n'ai point de cavatine à mon entrée ; c'est affreux ! j'entre au temple de Bélus comme dans ma chambre !... Faites-moi une entrée, mon cher Rossini.

— La mode du punch glacé, répondait Rossini, nous vient d'Angleterre ; c'est un excitant au rôti.

Patrick se leva, les yeux étincelants et la joue enflammée, comme un homme arrivé au délire de l'exaltation et à l'oubli de lui-même.

— Rossini ! s'écrie-t-il, vous chantez pour des oreilles de sourds ! Ces hommes sont trop savants pour vous comprendre ! Il vous faut à vous, dans vos auditoires, des intelligences simples et naturelles ; des imaginations poétiques où les broussailles de la science ne germent pas ! Rossini, vous avez bâti une pyramide nommée *Semiramide ;* mais, comme l'architecte égyptien, vous avez muré la porte et placé un sphinx devant.

Un premier violon se leva et apostropha Patrick. Mais l'Irlandais, avec un de ces regards et de ces gestes foudroyants qui suppriment la contradiction, s'écria :

— Silence à l'orchestre ! Il y a deux heures que j'écoute vos *bécarres* et vos *bémols;* écoutez-moi à votre tour, ou mangez... Oui, *Semiramide* est une œuvre impérissable et qui ne peut vieillir, parce qu'elle était âgée déjà de quatre mille ans lorsqu'elle naquit. Toute musique a son point de départ, terrestre et connu. La religion, la liberté, la mort et surtout l'amour, sont le point de départ de l'harmonie dramatique. Mais de quelle source est sortie la musique de *Semiramide?* à quelle impression humaine se rattache-t-elle? Il ne s'agit point de la savante combinaison des accords, mais de la pensée dominante qui plane sur cette partition incroyable et impossible. Rossini a dédaigné là tout ce qui fait le triomphe vulgaire et facile. Il n'y a point d'amour, point de passion charnelle, point de liberté qui se révolte contre la tyrannie; point de danse, point d'intérêt bourgeois; rien. C'est une fable renouvelée du déluge; un spectre dont on peut se moquer, si l'on ne croit pas aux spectres; une mère infâme, un Assur féroce, un grand-prêtre stupide; un Arsace efféminé qui joue l'homme avec un contralto. Eh bien! avec ces personnages usés jusqu'aux sandales dans les ornières de l'école; avec ce drame sans vérité, sans nouveauté, sans intérêt, Rossini a créé un monde; il a pris toutes ces antiquailles et tous ces pantins de la mythologie de Bélus, et il nous a rassasiés d'émotions inconnues qui nous semblent venir d'un sixième sens. Nous n'avons pas vécu à Babylone, nous ignorons absolument quelles mélodies couraient avec les vents dans les palmiers des jardins suspendus, et un mystérieux instinct d'artiste nous dit que toute cette ardente musique est pleine de parfums babyloniens, dans ses joies, dans ses fêtes, dans ses triomphes, dans ses terreurs, dans ses remords, dans ses tombeaux. Avant la *Semiramide*, vous ne deviez avoir que des œuvres courtes, belles dans certaines parties, mais expirant faute d'haleine. Dans la *Semiramide*, tout s'élance d'un foyer inépuisable; l'orchestre est comme un volcan qui prodigue les pierreries comme le Vésuve les atomes de cendre. C'est une puissance de souffle surhumaine, une aspiration colossale, comme si une pyramide entr'ouvrait ses flancs pour donner passage aux torrents d'air emprisonnés dans elle depuis Ninus. C'est une profusion

de richesses à épuiser tous les trésors de l'Orient !...
Sémiramis, la grande reine, entre comme elle doit
entrer, belle, tremblante et muette; l'hymne éclate
autour d'elle, mais la coupable reine se tait. Voici
Arsace qui arrive... écoutez ce qu'il chante, et dites si
cela vous rappelle un mode connu. Écoutez son duo
avec Assur, et dites-moi si jamais la musique, dans
des proportions si étroites, a produit quelque chose de
plus large, de plus varié, de plus opulent!... Écoutez
ces airs de volupté orientale que les femmes de la reine
chantent dans les jardins, et dites-moi si vous ne
respirez pas le doux poison qui circulait dans le gynécée des reines adultères!... Écoutez le finale du *tombeau*, et dites-moi si jamais la métaphysique des terreurs surnaturelles a trouvé une langue plus formidable pour vous donner les frissons de la mort! Après
cette lugubre et terrible scène qui vous fait croire à
l'incroyable, il semble que le pouvoir de l'artiste
créateur ne peut aller au delà. Comptez sur Rossini :
vous n'avez vu encore que le péristyle du temple...
vous avez fait un pas; entrez. La même énergie de
tons, la même vigueur d'haleine vous jettera d'autres
merveilles. Rossini vous fera même assister à une
scène qui est le prodige de l'art : il vous attendrira
sur une mère couverte du sang de son époux, et qui
embrasse son fils; Rossini tirera du néant, pour accomplir cette réconciliation impossible, des notes
fondues dans le creuset céleste au jour de la clémence
de Dieu!... Et ne croyez pas que tant de miraculeuses
choses soient toutes l'effet des savantes combinaisons
de l'art, ou même des inspirations solitaires du poëte;
il est arrivé à Rossini ce qui ne manque jamais aux
génies sublimes : le bonheur! Sous l'obsession de son
démon, Rossini obéissait souvent, à son insu, à une
loi surnaturelle qui lui dictait les échos d'un monde
évanoui. C'était l'association de deux natures, dont

une seule se matérialisait et prenait un corps humain ; l'autre restait dans ces profondeurs de l'espace, où quelque invisible génie garde tous les trésors de joie, de colère, de douleur, d'amour, de flamme, que l'homme a dépensés depuis sa création !...

Patrick se laissa tomber sur son fauteuil... son visage était écarlate, ses cheveux hérissés s'agitaient comme des flammes. Il jeta sur la femme un regard dévorant ; et, fermant les yeux, allongeant les bras sur la table, roulant son visage sur ses mains, il garda l'immobilité de la tombe ou du sommeil.

La stupéfaction était peinte sur tous les traits des convives. Rossini, le plus spirituel des hommes de génie, grimaça le sourire et chercha, pour la première fois, une plaisanterie de circonstance, mais pour la première fois il ne trouva rien. La belle Maria, convulsivement agitée, avait allongé ses bras nus et superbes sur la table ; et, la poitrine en avant, les tresses déroulées sur les tempes et les épaules, le visage immobile, l'œil fixe et largement ouvert, elle ressemblait à un sphinx de marbre blanc, exhumé d'une fouille du temple napolitain d'Isis et Sérapis.

Mais de tous les convives, le plus merveilleux à voir était Lorenzo, le maître du festin et de la villa. Ce qu'il avait entendu, ce qu'il voyait, lui paraissait inexplicable ; il continuait à regarder Patrick avec des yeux humides d'émotion, et bouleversés par une sorte de terreur. Personne n'osait hasarder une réflexion avant Lorenzo, et lui ne savait quelle tournure donner à cette scène sans nom. Tout à coup il se leva, doubla un des bouts de la table, et soulevant Patrick, il l'emporta évanoui ou endormi dans l'intérieur de la maison.

Un domestique vint annoncer, de la part de son maître, que le seigneur Lorenzo consacrait le reste de la journée à son ami malade, et que chaque convive était rendu à sa liberté.

Les invités, toujours silencieux, se levèrent et marchèrent lentement vers le rivage, où les rameurs les attendaient.

Ils étaient déjà bien loin, et la célèbre cantatrice n'avait pas encore quitté sa place.

— Madame, lui dit Rossini, songez que nous avons une répétition à quatre heures.

Maria fit un mouvement nerveux de la tête et des bras, comme si elle eût dormi éveillée, et qu'une voix l'eût arrachée à cet étrange sommeil; et, se levant avec une vivacité convulsive, elle dit :

— C'est juste... allons à la répétition.

IV

Le lendemain de ce jour, Patrick se levait avec le premier rayon du soleil dans une chambre de la villa Sorrentina. Il ouvrit la croisée et respira, dans l'air frais du matin, le meilleur remède que la médecine puisse conseiller après une furieuse agitation.

Lorenzo entra; et les deux amis, un peu embarrassés l'un de l'autre, se serrèrent affectueusement la main.

Avec une question banale on sort facilement d'une position équivoque.

— Comment as-tu passé la nuit? dit Lorenzo avec une aisance affectée qui voulait ménager son ami.

— Fort bien, dit Patrick... Est-ce que j'ai été malade?

— Non, c'est une question d'habitude que je te fais.

Patrick ferma les yeux comme pour regarder sans distraction en lui-même quelque souvenir confus de la veille, et prenant la main de Lorenzo :

— Mon ami, dit-il, viens à mon aide; que s'est-il passé hier? quelque chose me pèse, là, sur le front... Ai-je dormi longtemps?

— Quinze heures, dit Lorenzo en riant.

— Quinze heures!... J'ai fait des rêves étranges... Attends... attends... le brouillard se dissipe... je commence à voir clair... Oh! sainte pudeur!

Et il jeta son visage dans ses mains.

— Enfant! dit Lorenzo avec un accent d'affection touchante; enfant, ne prends donc pas la peine de rougir ainsi devant moi.

— Lorenzo, c'est décidé; je pars pour Rome aujourd'hui, j'irai me jeter aux pieds du Saint-Père.

— Eh! quel crime as-tu commis, innocent?

— Patrick!...

— Tu as bu du champagne et du Lacryma-Christi: voilà de quoi désespérer de son salut!

— J'ai bu l'enfer! s'écria Patrick.

Et il étreignit fortement sa poitrine dans ses bras.

— Mon ami, dit Lorenzo, parle-moi avec franchise; depuis hier, je suis bouleversé. J'ai passé ma nuit sur le seuil de ta porte pour écouter la voix de tes songes et obtenir une confidence de ton sommeil. Que se passe-t-il en toi de mystérieux, d'inexplicable, depuis hier?..

Patrick ne savait ce qu'il allait répondre, lorsqu'un domestique annonça sur l'escalier qu'il avait une lettre à donner à M. Patrick, de Dublin.

Lorenzo prit la lettre et la remit à son ami.

Patrick ouvrit et lut:

« My dear Sir,

« J'espère que vous serez assez bon pour accepter un déjeuner sans façon et frugal à la villa Barbaïa, au Pausilippe. Nous serons aussi peu de monde que vous voudrez.

« Je vous ai fait retenir, ce soir, à San-Carlo, une loge à côté de la loge du roi. On joue votre *Semiramide*.

« Maria. »

— Démon! s'écria Patrick en froissant le billet dans ses mains... Tiens, Lorenzo, lis! Est-ce un tour de l'enfer, celui-là?

Lorenzo prit le billet, et sa figure se couvrit d'une pâleur mortelle.

— Est-ce à toi ou à moi que ce billet est adressé? demanda-t-il d'une voix éteinte par l'émotion.

Pour toute réponse Patrick remit l'enveloppe du billet à Lorenzo.

— Oui, dit le jeune Italien; c'est à toi : *A M. Patrick O..., de Dublin...* L'adresse est précise, c'est bien à toi... Et comptes-tu aller à cette invitation... mystérieuse, Patrick?

L'Irlandais, les bras croisés sur sa poitrine, se promenait à grands pas et paraissait méditer quelque résolution.

— Patrick, poursuivit Lorenzo, il paraît que la belle actrice a découvert ton nom à l'hôtel de la Victoire... du moins, je suppose... Il paraît que cela lui tenait au cœur.

Patrick ne répondit pas. Lorenzo sortit un instant de la chambre, sans être remarqué de son ami, et dit quelques mots à l'oreille du domestique sur l'escalier.

Rentré, il prit vivement le bras de Patrick et lui dit :

— Mon ami, tu es appelé à la villa Barbaïa, le sais-tu? Suis-je indiscret en te demandant si tu me quitteras pour ce déjeuner?

— Eh bien! s'écria Patrick, puisque l'enfer le veut, l'enfer sera content! Oui, j'irai à la villa Barbaïa!

— Malheureux! s'écria Lorenzo, tu renies donc tes devoirs?

— J'appelle la grâce à mon secours, et la grâce ne vient pas!

— Patrick, songe à l'habit que tu portes!

— L'habit que je porte est le tien, je ne souille pas l'habit de saint Pierre. A quoi songes-tu, de me donner de si sages conseils aujourd'hui, toi si libertin hier?

— Patrick, tu vas me comprendre. Si j'avais reçu une invitation de cette femme, sans y voir figurer ton nom à côté du mien, j'aurais refusé.

— Oui, voilà seulement ce qui te révolte, Lorenzo. Tu es sincère?

— Très-sincère!

— Eh bien! ce billet m'autorise à choisir ma société. Je t'invite.

— Quelle étrange plaisanterie me fais-tu là?

— Je parle sérieusement. Accompagne-moi à la villa Barbaïa.

— Non, non, mille fois non!.. je reste. Il n'y a pas un souvenir d'une ligne pour Lorenzo dans ce billet... L'intention de celle qui écrit est évidente... On veut être seule avec toi.

— Adieu, Lorenzo... Ma tête brûle; la volonté manque à mon âme; je suis sur une pente horrible: l'abîme appelle l'abîme; il faut aller au fond du gouffre.

— Adieu, Patrick.

— Où te reverrai-je, Lorenzo?

— A San-Carlo, ce soir.

— A San-Carlo!... Mon Dieu! mon Dieu! pourquoi m'abandonnez-vous? ce fut le cri du Fils de l'Homme sur le Calvaire!.... Oui, Lorenzo, je sens sur mon front le sceau de la réprobation... A San-Carlo!

Et il fit un pas vers la porte pour sortir. Lorenzo, au comble de l'agitation, courut à lui; et prenant ses deux mains et mettant sa figure à deux doigts de la sienne, il lui dit d'une voix effrayante:

— Patrick, tu l'aimes donc cette femme ?

— L'Irlandais jeta sur Lorenzo un regard mélancolique et lui dit :

— Adieu ! adieu !

Et il sortit de la chambre avec une précipitation qui ressemblait à la folie.

Lorenzo s'assit et le suivit quelque temps de l'œil avec un sourire où perçait la malignité. Puis, il appela son domestique et lui demanda si ses ordres avaient été suivis. Celui-ci répondit que tous les canots de la villa étaient déjà bien loin, qu'il ne restait dans la baie qu'un batelet plat, sans rame, et à demi submergé.

— C'est bien, dit Lorenzo... Je vais voir rentrer mon Patrick, que j'ai fait prisonnier de guerre. On l'attendra longtemps à la villa Barbaïa ce matin, et à San-Carlo ce soir.

Une demi-heure s'étant écoulée, Lorenzo conçut quelque inquiétude, et il se leva pour jeter un coup d'œil sur le rivage. Sous les arbres, dans les allées, sous la grève, tout était désert et silence. Il appela son ami à haute voix et à plusieurs reprises. La réponse attendue ne résonna pas dans l'air. L'anxiété de Lorenzo augmentait à chaque instant.

— Mais cet homme est un démon incarné ! disait-il à un interlocuteur absent, comme on parle dans le jardin de l'Hospice des fous ; cet homme est un démon !... Où diable a-t-il vu Sémiramide ? où s'est-il rendu amoureux de cette femme ? et maintenant quel chemin a-t-il pris pour aller à la villa du Pausilippe ?... Et il est aimé ! il est aimé !... aimé de cette femme !... et pour un mauvais feuilleton sur *Semiramide* qu'il a prêché hier entre deux flacons de Lacryma-Christi !... Oh ! ma position est intolérable ! il faut que j'en sorte à tout prix.

Le jardinier de la villa revenait de la pêche en ce

moment, et passait, les lignes sur l'épaule, devant Lorenzo. A la première question que lui fit son maître, la vérité se révéla. Le jardinier avait vu un jeune homme accourir sur le rivage, et lançant des regards inquiets autour de lui comme pour chercher un canot. Puis, ce même jeune homme apercevant une barque de pêcheur qui cinglait dans la direction de Naples, à peu de distance de la côte, il s'était jeté bravement à la mer et avait atteint la barque en quelques élans.

— Mais cet ange d'hier est donc un démon aujourd'hui! s'écria Lorenzo.

Puis, s'adressant au jardinier, il lui dit :

— C'est l'heure du retour de la pêche ; reste ici, attache tes yeux sur la mer, et ne manque pas de héler le premier bateau qui passera à la portée de ta voix. Il y a cinq ducats à gagner pour le patron. Je t'attends à la maison, et si tu m'amènes une barque, il y a cinq ducats encore pour toi.

— Je promets à Votre Seigneurie un patron, dans un quart d'heure, dit le jardinier en s'inclinant.

Et Lorenzo reprit le chemin de la villa, répétant à haute voix son éternel monologue :

— Cet ange est un démon !

V.

La villa Barbaïa est une résidence délicieuse, elle est suspendue au flanc du Pausilippe, comme un blanc et frais nourrisson au sein de sa mère. Il y a des treilles charmantes, de doux abris, de ravissantes échappées de mer et de montagnes, des bois recueillis où l'on entend des murmures pleins de grâce, de mélodie, de volupté, d'amour.

Patrick se promène sous les arbres qui couronnent

la villa bien avant l'heure convenue de l'invitation ; il porte un costume élégant, au suprême goût de la fashion ; c'est dans la ville de Tolède qu'il s'est habillé mondainement de pied en cap ; plus heureux que Léandre qui ne trouvait pas de tailleurs quand il arrivait au pied de la tour d'Héro. Un domestique a promis de le prévenir quand sonnera l'heure de la réception. Le jeune novice irlandais est charmé de ce retard qu'il emploie à préparer des questions et des réponses. Mais, à chaque instant, il ouvre le précieux billet, et tâche de découvrir, sous le voile des expressions, la véritable et occulte pensée de la femme artiste. Quel admirable plan de vie il s'organise à loisir ! Sans doute, cette villa charmante appartient à la célèbre cantatrice. Ce sont bien là les jardins suspendus de *Semiramide*. Oh ! que l'existence doit être douce entre l'azur de ce ciel et l'azur de ce golfe ! Quel ravissement d'être le maître, le favori ou l'esclave de cette reine superbe, et de la recevoir là, toute palpitante des caresses de San-Carlo, et de dire à tout ce monde en délire et brûlé d'inutiles désirs : Oui, cette femme... Patrick n'osait achever son idée, mais si quelque témoin de son agitation eût passé, il aurait vu que le jeune homme était partagé entre les sentiments les plus opposés, la joie et le désespoir ; l'extase et le remords ; la honte et l'orgueil.

À l'heure annoncée, Maria se leva comme une étoile entre deux colonnes de marbre de la villa. Elle portait, comme toujours, une simple robe blanche, virginalement agrafée à la racine d'un cou pur et blanc comme l'ivoire. Sur sa belle tête nue, l'ébène fluide des cheveux se divisait mollement, et roulait en bandelettes égales sur ses épaules. Au premier sourire qu'elle laissa tomber de ses yeux veloutés et limpides, cette création immense et sublime sembla sortir du chaos et tressaillir de joie comme l'Éden à la naissance d'Ève. Le plus beau paysage sans la femme n'est que la silhouette du néant !

Patrick la vit et son regard expira d'amour. Il se raffermit sur ses pieds et marcha lentement vers la maison. En cet instant décisif, toutes les belles choses qu'il avait préparées s'évanouirent dans sa mémoire. Il ne trouva sur ses lèvres convulsives que des phrases obscures et bégayées. Maria, avec cette noble familiarité des grands artistes, lui tendit gracieusement la main comme à une ancienne connaissance, et lui dit :

— Vous êtes exact comme un gentilhomme anglais, mon cher monsieur Patrick... Êtes-vous seul?

— Oh ! seul !... répondit Patrick avec une expression de mystère qui fit sourire la belle dame.

— C'est que votre ami aurait été de trop ce matin.

— J'ai laissé mon ami à la villa Sorrentina.

— Très-bien, sir Patrick... Votre indisposition d'hier n'a pas eu de suites?

— Pas eu de suites! répondit Patrick en écho.

— Permettez-moi de vous introduire et de vous présenter à mon cher *impresario*.

Patrick n'entendit pas la fin de cette phrase. En ce moment, toutes les cloches de Naples sonnèrent l'*Angelus*; et cette harmonie aérienne et religieuse fit tressaillir le jeune chrétien, comme si sa mère l'Église lui eût envoyé un reproche et un conseil par toutes les saintes voix de l'air. Quelques larmes de remords tombèrent de ses yeux; mais elles furent bientôt dévorées par la flamme de passion qui brûlait son visage, et changées en un sourire par les sons d'un cor qui jouait un air de la *Dame du lac*.

Attiré par le geste d'une femme, comme le fer par l'aimant, Patrick se trouva, sans y songer, dans une salle charmante peinte à fresque et toute remplie d'images païennes comme un triclinium de Pompéia.

Patrick s'inclina devant un étranger qu'il supposa être le père de Maria, ce qui donna soudainement à sa position un caractère moral dont il s'estima heureux de s'applaudir.

Il n'y avait que trois couverts. On se mit à table. Patrick, feignant de se retourner, pour regarder une Danaé sous sa pluie d'or, peinte à fresque, dissimula un *benedicite* et deux rapides signes de croix... « Lâche déserteur que je suis !... » se dit-il dans une réflexion mentale ; et sous les plis de sa serviette qu'il déroulait, il frappa sa poitrine trois fois.

Au premier service, il eut l'air d'excuser son silence par son appétit. La conversation d'ailleurs n'était pas effrayante pour lui. On parlait des recettes de San-Carlo, du prochain gala, d'un bon mot du prince de Syracuse, de la fuite d'une choriste qui s'était enlevée avec une contre-basse ; de l'arrivée d'un jeune peintre décorateur qui devait effacer San-Quirico ; enfin, d'une foule de ces riens qui défraient les conversations des artistes et des directeurs.

Insensiblement Patrick reprenait sa tranquillité. Mais, au milieu de tous ces petits propos sans consistance et sans but, Maria laissa tomber une phrase qui replongea l'Irlandais dans un trouble alarmant. Cette phrase fut prononcée lentement et d'un ton si affecté que Patrick ne put s'empêcher d'y attacher une intention.

— Moi, avait dit la jeune actrice, ma liberté m'est douce, et si je la perds, ce ne sera qu'en épousant un grand artiste. J'ai refusé des princes, c'est connu.

Patrick fut surtout bouleversé par le regard qui accompagnait ces paroles.

Au dessert, l'impresario, qui était plus que jamais pour Patrick le père de Maria, prit un air solennel, et regardant fixement le jeune Irlandais, il lui dit :

— Sir Patrick, vous allez connaître maintenant

quelle a été notre intention en vous priant de vous rendre seul à ce déjeuner.

— Voilà la proposition de mariage qui arrive, pensa l'Irlandais. Et il passa, vingt fois dans une minute, de l'enfer au paradis. L'impresario continua :

— J'espère que vous me répondrez franchement, sir Patrick. (Patrick fit un signe affirmatif.) Hier soir, madame notre divine *prima donna* est revenue de la villa Sorrentina, tout enchantée de votre mérite, et le maëstro Rossini lui-même exécutait avec Madame, à votre sujet, un véritable duo d'éloges; à tel point que vous avez forcé Rossini à se prendre au sérieux. Un miracle! on a dit que vous aviez parlé de l'art en artiste, mais en artiste hors ligne, et qu'il n'y avait en Irlande qu'un seul homme de cette puissance musicale, le célèbre ténor Patrick qui a débuté à *Royal-Theatre*, à Dublin, en 183., ainsi que ma correspondance me l'annonça dans le temps. J'ai su depuis que le célèbre ténor est venu se perfectionner incognito à Milan et à Bologne, et qu'il a chanté, à la loggia, chez madame de Valabrègue, avec madame Duvivier, soprano et contralto, un duo d'*Armida* de manière à enlever les applaudissements. Le chevalier Sampierri, qui est le premier accompagnateur de la Toscane, m'a confirmé tout cela. Sir Patrick, il nous manque un ténor à San-Carlo pour faire notre saison. Nous en avons un qui, par malheur, est un ténor *sfogato*. Ce n'est pas mon affaire. Dans la *Semiramide*, nous pouvons à la rigueur nous passer d'un premier ténor; dans cet opéra, Rossini n'a sérieusement écrit que la basse, le contralto et le soprano. Le ténor y est accessoire. Mais si nous voulons monter *Othello*, par exemple, qui fait toujours *fanatisma*, nous sommes sans ténor. Comprenez-vous ma position, sir Patrick?

L'Irlandais écoutait ce discours si étrange pour lui, plutôt avec ses yeux qu'avec ses oreilles; il regardait l'impresario d'un air effaré, qui pouvait passer pour l'expression du vif intérêt que lui inspirait ce préambule. L'impresario, augurant bien de l'attention muette de son convive, continua ainsi :

— La saison s'annonce bien à San-Carlo. Nous avons cent quarante familles anglaises à Naples, onze princes russes avec leur suite, et nombre de riches Espagnols. Ce n'est pas le bon public qui manque; c'est un ténor. Aussi je suis prêt à faire tous les sacrifices possibles pour avoir un ténor *assoluto* comme vous, Monsieur... (Patrick bondit...) Oui, comme vous, Monsieur... L'incognito est désormais impossible, et je vous offre mille livres et une réprésentation à bénéfice qui vous vaudra bien autant.

Il n'y a pas une tête dans tous les tableaux des musées d'Italie qui puisse donner idée du sentiment indéfinissable qui contractait le visage de Patrick. Ses traits semblaient avoir changé de place : il regardait l'impresario de l'air d'un homme qui, réveillé en sursaut, d'un profond sommeil, serait obligé de faire une réponse à une question inconnue.

L'impresario, habitué à avoir autour de lui les visages les plus extravagants de la terre, crut voir, au silence de Patrick, que ses propositions n'avaient point paru assez avantageuses, et il offrait deux cents livres en sus des mille.

— C'est juste ce que je gagne! dit la *prima dona*, M. Patrick ne peut plus hésiter.

— Vous ne pouvez plus hésiter, dit l'impresario.

— Cet *Erinn!* cet *Erinn!* ce maudit vaisseau qui a été obligé de rentrer dans le port! s'écria Patrick; et il cacha son visage avec ses mains... Après une pause, il ajouta :

— Fatalité! fatalité! la damnation d'un homme est attachée à un coup de vent!

Cette fois, ce fut l'impresario qui rouvrit les yeux

démesurés. La *prima dona*, les deux coudes sur la table, les mains jointes, avait repris sa position de la veille, et regardait Patrick avec une inquiétude mêlée d'effroi.

Patrick saisit au vol un moment lucide de bonne inspiration et dit à l'impresario :

— Monsieur, vous m'avez pris au dépourvu; je ne suis pas prêt à vous répondre. Donnez-moi un jour de réflexion.

— Excusez, monsieur Patrick, l'indiscrétion que nous avons commise en trahissant votre incognito. N'attribuez ce procédé, peu convenable, j'en conviens, qu'au désir de mettre en relief votre talent sur le premier théâtre du monde, et aux nécessités urgentes de service lyrique où je me trouve en ce moment. Vous excuserez un véritable *impresario in angustie*.

— Maintenant parlons d'autre chose, s'il vous plaît, dit Patrick.

— Soit, dit l'impresario.

Et jusqu'à la fin du repas, il se fit un échange de mots insignifiants, comme il arrive après une conversation ardente qui a mis tous les interlocuteurs dans l'embarras.

En se levant de table, l'impresario dit à Patrick :

— Nous avons quelques petites affaires au théâtre pour la représentation de ce soir, vous nous permettrez de vous accompagner à la ville, dans une heure. Moi, j'ai quelques ordres à donner ici. Mais je vous laisse en bonne compagnie.

— Je suis à vos ordres, dit Patrick.

Lorsque Maria et l'Irlandais se trouvèrent seuls sur la terrasse, la conversation ne tarda pas de s'établir. La prima dona regarda fixement Patrick et lui dit :

— Douze cents livres et un bénéfice! il n'y a pas de quoi demander vingt-quatre heures de réflexion.

— Madame, dit vivement Patrick, je suis de race

montagnarde, et je ne sais pas garder mes sentiments. Si vous m'offriez les trois plus belles choses de ce monde, votre main, votre fortune, votre amour, je vous demanderais un jour de réflexion.

— Ah! dit l'actrice avec un sourire charmant, il paraît que vous êtes habitué au bonheur! Vous le marchandez quand on vous le donne gratis.

— Oh! ne me raillez pas, Madame; plaignez-moi! vous voyez devant vous un homme qui, depuis trois jours, doute de son existence, un homme qui fait un rêve pénible et qui ronge ses poings sans pouvoir se réveiller.

— Expliquez-vous, Monsieur, dit l'actrice avec émotion; et si l'intérêt que vous m'avez inspiré...

— Madame, n'achevez pas! Il m'est aussi impossible de connaître mon bonheur que mon malheur. Entre vous et moi il y a un abîme! Je devrais vous fuir... et ma vie s'éteint loin de vous!... Je voudrais rester là sur cette place, et la plus impérieuse des voix me dit de m'éloigner. L'air que je respire ici me tue et me ressuscite; je sens sous mes pieds le feu de l'enfer et dans mon cœur les extases du paradis. Il y a deux êtres en moi : l'un blasphème, l'autre prie; et si cette lutte se prolonge, je sens que ma raison y périra!

— Revenez à vous, Monsieur, dit Maria d'une voix mélodieuse et pleine d'affection. Je pourrais m'offenser de vos paroles; mais vous êtes si sincère dans l'expression de vos sentiments, que je vous accorde mon estime et mon amitié.

— Eh! Madame, quand vous m'offririez votre amour, je vous répète qu'il me serait impossible de l'accepter.

— Alors quel est votre but, Monsieur?... qu'exigez-vous?

— Rien! je me plains. Me refuserez-vous la plainte?

la plainte, seule consolation que Dieu ait donnée à l'homme!

— En vérité, Monsieur, je ne sais si je dois plus longtemps entendre...

— C'est bien, Madame, je me tairai.

— Surtout réfléchissez, Monsieur, à ma position : elle est fort délicate. Je ne suis nullement préparée à une confidence qui me paraît inopportune aujourd'hui, mais qui plus tard...

La subite arrivée de l'impresario coupa sur ce mot la phrase la plus intéressante de l'entretien. Patrick s'éloigna de quelques pas pour dissimuler à l'impresario l'horrible trouble qui l'agitait. Celui-ci profita de l'instant pour dire à Maria :

— Eh bien! l'avez-vous décidé? accepte-t-il? débutera-t-il dans *Othello?*

— C'est possible, répondit au hasard l'actrice, trop préoccupée de la situation pour écouter l'impresario.

La voiture attendait au bas de la rampe. Patrick refusa d'y monter, pour se ménager le plaisir, disait-il, d'aller à Naples en se promenant.

— A ce soir donc à San-Carlo! dit l'impresario.

— A ce soir! dit Maria.

L'impresario était déjà dans la voiture. L'actrice tendit la main à Patrick.

— A ce soir! lui dit l'Irlandais, et quand vous serez délivrée à San-Carlo, je vous donne rendez-vous au pied des autels.

Patrick avait cru se réconcilier avec lui-même en légitimant son amour par cette promesse sainte. Mais bien qu'il n'eût pas été encore consacré par le sacerdoce, il avait fait d'irrévocables vœux, et chacune de ses pensées était déjà un sacrilége et un parjure devant Dieu.

S'entretenant avec ses réflexions, il se promena sur le bord de la mer, en attendant l'heure du spectacle.

On jouait l'ouverture lorsqu'il entra dans la loge de San-Carlo. Plusieurs convives de la villa Sorrentina y avaient déjà pris place, et Lorenzo était du nombre.

Patrick serra la main de son ami, et ne remarqua pas l'horrible pâleur qui couvrait le visage du jeune Italien.

Lorenzo fit un sourire forcé, et se penchant à l'oreille de Patrick, il lui dit :

— Que de choses tu dois avoir à me conter, heureux Patrick !

— Silence ! répondit l'Irlandais ! je veux écouter l'ouverture.

— Encore un mot, mon cher Patrick ; où diable as-tu vu jouer la *Semiramide* dans ta vie ?

— Ici.

— Patrick, tu es damné !

Le jeune diacre tressaillit ; mais le rideau se leva, emportant avec lui dans ses plis les terreurs religieuses de Patrick.

La salle entière attendait Semiramide. Quand elle parut, les cinq rangs de loges éclatèrent, comme un vaisseau à cinq ponts qui ferait feu de tous ses sabords. Deux hommes seuls n'applaudirent pas : Lorenzo et Patrick.

Au moment où le grand-prêtre entonnait le *Fra tanti regi e popoli*, la cantatrice lança vers la loge de Patrick un de ces regards rapides et lumineux que les actrices savent si bien adresser à un seul visage et dissimuler à toute une multitude. Patrick vit le ciel s'entr'ouvrir, et toutes les joies de la vie entrèrent dans son cœur.

Alors une voix dit au fond de la loge :

— On demande M. Patrick O.....

— Qui m'appelle ? dit le jeune Irlandais.

— Vous êtes prié de descendre au péristyle, dit la voix.

— Je garde ta place, dit Lorenzo ; et un sourire infernal contracta sa figure.

Patrick descendit.

Un domestique lui remit une lettre scellée des armes épiscopales.

Il ouvrit et lut.

Le prélat napolitain menaçait Patrick des foudres de l'excommunication, s'il n'allait à l'heure même, s'enfermer au couvent des Camaldules pour y faire une retraite d'un an.

En ce moment, une porte s'ouvrit dans les corridors, et le mot *Spavento* tomba comme un coup de foudre sur la tête de Patrick.

Patrick releva fièrement le front vers le ciel comme pour invoquer Dieu, et il dit :

— Aux Camaldules !

Et il sortit du théâtre d'un pas ferme et résolu.

VI.

Quinze mois après cette scène, par un beau soir d'été, un jeune prêtre se promenait en récitant son bréviaire sur les rives du lac de Killarney, dans le comté de Kerry, en Irlande. Il eût été difficile de reconnaître dans cet ecclésiastique le fougueux Patrick de la villa Sorrentina, tant il avait été miné par les jeûnes, les veilles ardentes de la prière, les austérités du cénobite, la méditation et le repentir.

Ordonné prêtre, depuis un mois, dans l'église de Saint-Patrick, à Dublin, il avait été envoyé à la petite ville de Killarney pour y remplir les fonctions de vicaire, et il s'était enseveli avec joie dans ce recoin de l'Irlande, comme dans un tombeau.

Après la scène de San-Carlo, il avait embrassé aux

Camaldules la vie muette et contemplative des trappistes, il n'avait parlé qu'à son âme, il n'avait écouté d'autre parole que l'incessante voix de la prière, qui roule nuit et jour dans l'église, le cloître, le dortoir d'un couvent. Mais après son ordination, lorsqu'il eut élevé entre le monde et lui une barrière insurmontable, il crut devoir écrire à son ami de séminaire, Lorenzo, une lettre dans laquelle il se révélait à lui dans la pensée de sa nouvelle position, afin que d'anciens scandales fussent effacés de la mémoire de tout le monde. Voici cette lettre, qui fit une vive impression sur Lorenzo :

« Au presbytère de Killarney... 183...

« Mon cher Lorenzo,

« Si je suis mort au monde, je veux au moins être vivant aujourd'hui pour mon unique ami. Ce soir je rentrerai dans mon tombeau.

« J'ai fait trois jours la vie du monde, et ces trois jours ont été brûlants et longs comme trois siècles de l'enfer. Voilà donc ce que le monde peut donner à ses élus ! Ceux qui peuvent y vivre sont plus forts que ceux qui renoncent à lui : j'ai fait une chose très-facile en le quittant.

« Me voilà relégué dans un pays bien favorable aux méditations, c'est le coin du globe qu'il me faut. Dieu l'a créé pour moi. L'Océan n'est pas loin, et je me plais à m'entretenir avec lui des mystères sublimes de la création ; ma pensée l'interroge, et son immensité répond à l'atome.

« J'ai un autre océan dans mon voisinage, le beau lac de Killarney ; c'est le portrait en miniature de l'infini, dans un cadre de montagnes. Les nuages passent et boivent dans le lac comme dans une coupe taillée dans le roc. C'est là que je viens m'asseoir pour penser et prier. Il n'y a pas, sous le ciel, un oratoire plus religieux. Là, si je pousse un seul cri vers Dieu, ce cri est répété mille fois par l'écho inextinguible des roches circulaires qui couronnent le lac. Le prêtre entonne le verset et toute la nature répond et prie avec lui.

« Cette terre est une communication éternelle avec le ciel; les plus hautes montagnes s'y élèvent comme d'impérissables pensées, qui parlent de près à Dieu par la voix de la foudre et du vent. Quelquefois je me figure que je suis dans une église immense, dont la voûte est le firmament, et qui a pour piliers les pics sublimes de Mangerton et de Bautry; les montagnes de Galty et de Naples. Sous le péristyle de ce temple infini, le lac de Killarney n'a que les proportions d'un bénitier ordinaire, Saint-Pierre de Rome n'est qu'un grain de marbre devant cette basilique bâtie par la main de Dieu.

« Oh! lorsqu'on regarde le monde du haut de cette création, le monde est un atome qui ne vaut pas la peine qu'on se damne pour lui. Un jour, Lorenzo, tu reconnaîtras la vanité des plaisirs de la terre, et tu te souviendras que, dans un coin de l'Irlande, il te reste un frère et un ami.

« PATRICK O..... »

Le jeune prêtre, ayant terminé son office du soir, s'assit et déposa son bréviaire à côté de lui. Le dernier rayon du soleil avait disparu.

Il avait fini la prière écrite; il commençait la prière mentale, qui n'a pas besoin d'être formulée pour être comprise de Celui qu'on prie avec le cœur bien mieux qu'avec les lèvres.

Un grand bruit de voix éclata soudainement dans les solitudes, toujours silencieuses. Au milieu de ces voix, on distinguait les sons d'un cor qui jouait un air de la *Dame du lac*. Patrick se leva et tressaillit comme si un volcan eût éclaté sous ses pieds.

Il prit son bréviaire, et le serra sur sa poitrine, comme un soldat fait de son bouclier, en entendant le clairon.

Ce fut un terrible moment d'apparition surnaturelle, un mirage d'êtres vivants. Six hommes et une jeune femme se révélèrent sur un plateau de rochers, comme un groupe sur un piédestal. Patrick reconnut distinctement deux de ces personnes, Lorenzo et Maria... les autres, il ne les vit pas!

Maria se détachait sur un fond de ciel d'une transparence si lumineuse qu'elle lui servait d'auréole. L'œil le moins exercé l'aurait, du premier coup, reconnue dans cette favorable position d'optique. Il fut donc impossible à Patrick de croire que son œil l'avait trompé aux approches de la nuit.

Trois fois il regarda l'apparition, et trois fois sa tête retomba sur son épaule; il s'appuya de faiblesse sur un rocher, et resta immobile comme lui. Puis un long gémissement sortit de la poitrine du prêtre, et ce bruit, qui dans tout autre endroit, eût passé inentendu, circula d'écho en écho le long du lac, comme la dernière plainte d'un homme au désespoir, qui se noie et meurt avec le jour.

Tout à coup le cor poussa une note, aiguë comme l'invisible lame d'acier qui jaillit du tam-tam, et le formidable finale de *Semiramide*.

Qual mesto gemito!

éclata sur les eaux endormies de Killarney.

Le chœur était chanté à sept voix, et le cor l'accompagnait avec des notes stridentes qui roulaient sur l'épiderme comme une lime d'acier. Dans cette solitude pleine d'échos et retentissante comme l'orgue de Dieu, cet incroyable *septuor*, entonné par d'habiles voix, semblait être chanté par un monde de choristes, et accompagné par un orchestre puissant.

Une voix, une voix bien connue, un soprano merveilleux, planant sur le lac et les montagnes, les fit tressaillir avec ces paroles sinistres qui semblaient évoquer l'enfer :

> Qual mesto gemito da quella tomba!
> Qual grido funebre cupo ribomba!

Oh! le grand Rossini avait travaillé pour cette nature et pour cette nuit! elle était arrivée, cette nuit sombre et mystérieuse ; une seule constellation luisait au ciel : la grande ourse, magnique fauteuil d'étoiles, renversé à demi, comme si le Dieu du ciel venait d'être détrôné par Satan. Les montagnes ouvrirent leurs oreilles caverneuses, et le souffle de l'air anima le clavier de leurs échos infinis. Les sapins parlèrent aux mousses des pics, les collines aux herbes de la plaine, les ruisseaux d'eau vive aux cailloux polis, les grillons aux chênes, les bruyères au lac, les vagues de l'océan aux tristes écueils ; et tous ces murmures, toutes ces plaintes, toutes ces voix de la nuit, emportaient au ciel l'infernale harmonie du maître.

Le lamentable cri de Ninus sortit de la montagne comme des flancs de Babel. Toutes les impressions de terreur ressenties depuis le meurtre d'Abel coururent dans l'air. C'était une véritable nuit de Babylone. Les roches saillantes, les pics gigantesques, les montagnes amoncelées, les immenses arceaux granitiques, tout ce paysage grandiose, éclairé fantastiquement aux étoiles, ressemblait à cette architecture infinie, créée par Martyn, le Byron de la peinture; et aux massifs de sapins élevés aux nues par les montagnes insurgées, on aurait cru voir les jardins suspendus de Sémiramis. Alors il y eut encore une sorte de prodige qui ne pouvait éclater qu'à cette heure et dans ce lieu ; car il y a des moments et des sites où la grande énigme de la musique dit son mot secret; où nous comprenons claire et sans voile, cette langue insaisissable de notes fugitives, cette langue qui ne dit rien et dit tout, et dont les villes évaporées ne connaissent que l'alphabet. Le chœur babylonien était terminé, et les vallées le chantaient encore. Les mille échos, pris au dépourvu par la rapidité du chant final, avaient des flots de notes en réserve à rendre aux sept musiciens. La montagne, les bois, les pics, les cavernes, les arceaux granitiques, ces puissants choristes, continuaient l'hymne que les faibles voix humaines avaient achevé. Jamais Rossini n'eut des interprètes plus grands, plus dignes de lui ! et ces voix surnaturelles, cet orchestre inouï des échos semblaient sortir et s'élever du lac circulaire comme d'un soupirail de l'enfer, regorgeant des larmes des damnés.

Le silence, qui retomba quelques instants après, fut encore plus terrible que le fracas du chant et des échos. Patrick regarda de tous côtés, prêta l'oreille; il ne vit plus rien, il n'entendit plus rien.

— C'est une vision que le démon m'a envoyée, se dit-il; ce lieu n'est pas bon pour moi. Ceignons mes reins et partons. Dieu peut-être a permis que je fusse ainsi troublé dans ma retraite, afin de me rappeler mes premières études et mes premiers vœux. J'ai voué ma vie à la propagation de la foi : j'appartiens à la milice glorieuse de ces martyrs et confesseurs qui partent de Rome pour aller chez les Gentils... Levons-nous et allons!

Il s'achemina lentement vers la ville de Killarney, et s'efforça d'oublier l'apparition du lac, en méditant sur de saints projets de pèlerinage, et sur la mission qui lui avait été autrefois imposée au séminaire de la Propagande.

L'insomnie dévora sa nuit; il eut recours à la prière, et il s'aperçut avec effroi que sa vieille blessure du cœur n'était pas cicatrisée, et se rouvrait avec des douleurs poignantes qui lui rappelaient d'autres temps, d'autres cieux, d'autres rivages, et des combats suivis de la défaite et du désespoir.

Aux premiers rayons du jour, il ouvrit l'Évangile, et un hasard, qu'il regarda comme providentiel, fit tomber ses yeux sur ces paroles : *Surgam et ibo* (Je me lèverai et j'irai).

Il crut entendre la voix de Dieu même, et il arrêta irrévocablement son départ.

— Tout ce qui m'arrive, dit-il, est un avertissement non équivoque du Ciel. Le but de mon pèlerinage apostolique m'est indiqué. J'irai prêcher la foi aux peuples nomades qui campent sur les rives de l'Euphrate, et dans les solitudes de Balbeck.

Et plein de ces pieuses idées, Patrick s'achemina quelques jours après vers Dublin, pour se jeter aux pieds du chef apostolique de cette capitale de l'Irlande, et recevoir sa bénédiction et ses conseils.

Ses derniers préparatifs de voyage furent bientôt terminés; comme le premier apôtre, il partait, à pied et le bâton à la main, sans regarder derrière lui, les yeux fixés sur l'étoile de l'orient.

Comme il traversait Phœnix Park, de ce pas résolu que prend le piéton partant pour un long voyage, il s'arrêta subitement pour entendre une dernière fois le chant mélancolique d'un pauvre Irlandais qui avait attiré quelques curieux autour de lui : c'était un chant bien connu, et qui avait souvent réjoui et

attendri son enfance : « Grand, glorieux et libre
« Dublin, première fleur de la terre, première perle
« de la mer ! (1) »

Il tira de sa bourse une pièce d'or et la mit furtivement dans la main du pauvre chanteur. En même temps, une autre main faisait une largesse si magnifique au mendiant irlandais, que Patrick tourna involontairement la tête pour voir quel charitable catholique enrichissait d'un coup son indigent compatriote. Deux cris de surprise, suivis d'un énergique serrement de mains, attestèrent aux témoins de cette scène que deux amis se retrouvaient après une longue absence :

— Patrick !
— Lorenzo !
— Je t'ai vu, dit Patrick, j'ai serré ta main, Lorenzo : maintenant je n'ai plus rien à demander à ce monde. Adieu, au revoir dans le ciel !
— Oh ! je ne te quitte pas, dit Lorenzo en retenant avec vigueur la main de Patrick. Il faut au moins que tu répondes à ma question. Où vas-tu ?
— Je vais où Dieu m'appelle.
— Eh bien, je te suis !
— Toi, me suivre ! toi enlacé par le monde, toi plein de passions incurables !... Non, Lorenzo, laisse-moi partir.
— Laisse-moi te suivre, te dis-je ; notre rencontre est trop miraculeuse vraiment. L'autre jour, j'ai fait une promenade avec quelques artistes... et *elle*... du du côté de Killarney ; c'est moi qui avais entraîné tout ce monde dans le comté de Kerry, dans l'espoir de t'y rencontrer. Aujourd'hui je quittai Dublin, seul, et sans faire mes adieux à personne, après avoir usé

---

(1) Great, glorious, and free; first flower of the earth; first gem of the sea.

8.

quatre ans de ma vie à poursuivre une chimère. Enfin le dénoûment est arrivé ; je suis libre depuis ce matin.

Patrick regarda Lorenzo avec des yeux qui semblaient provoquer de nouvelles explications, que sa bouche pudiquement muette n'osait demander.

— Veux-tu en savoir davantage? dit Lorenzo.

Le prêtre ne répondit pas, mais il appuya ses deux mains sur son bâton.

— Écoute, et plains-moi... Elle se marie !... elle se marie !... Ce matin, nous avons appris cette nouvelle de sa bouche à son petit lever... Tous ses adorateurs sont consternés... Mais nous n'avons aucun reproche à lui faire : elle n'a trompé personne; elle n'a écouté personne. Elle s'est laissé adorer : c'est permis à une femme, nous sommes des imbéciles, voilà tout... Je vois que cette nouvelle te fait du bien à toi; ton visage est rayonnant. On dirait que cela te met à ton aise. Dieu soit béni !

— Voilà trois derniers mots bien placés, Lorenzo...

— Je ne t'ai pas dit, je crois, le nom des bienheureux époux !...

— Oh ! cela m'est indifférent, Lorenzo !

— C'est juste. Qu'importe le nom ! c'est un époux. La cérémonie du mariage se fera dans un mois, bien loin d'ici, à la ville de ***. Demain, elle finit ses représentations, à Dublin, par *la Dame du lac*. Il faut te dire qu'elle a la passion des lacs. L'autre soir, il y a huit jours, nous avons chanté la finale...

— Assez ! assez, Lorenzo ! regarde mon habit et respecte-le. Plus de langage mondain entre nous... Maintenant je ne voudrais la voir qu'une fois, prier pour elle et la bénir !

— C'est fort aisé; elle loge à *Greams Hotel, Sackville street*, vis-à-vis de la...

— Lorenzo ! Lorenzo ! je pars... adieu...

— Au nom du ciel! Patrick, ne m'abandonne pas ; il m'est impossible de te suivre en ce moment, mais promets-moi de m'attendre deux heures à Kingstown.

— Je t'attendrai... mais tu viendras seul...

— Seul!... et nous ne parlerons plus d'elle.

— Plus ! plus !... dit Patrick... qu'une fois.

— Sans adieu... Retiens-moi une place au paquebot de Liverpool... Patrick, prie Dieu pour moi... Je te dis tranquillement que je suis au désespoir!

VII.

Dans la sacristie de l'église métropolitaine de ***, Patrick exhibait ses lettres de prêtrise au curé, en répondant par intervalles aux questions qui lui étaient adressées. Le curé témoignait par ses gestes, ses paroles, son sourire, qu'il était satisfait de toutes les explications données, et qu'il admettait le prêtre étranger au service temporaire de son église. D'ailleurs, Patrick était muni d'une lettre épiscopale qui le recommandait spécialement à tous les chefs ecclésiastiques de la chrétienté : c'était comme le passeport évangélique délivré à ses missionnaires par le prélat de Dublin.

Installé, depuis quelques jours, dans l'exercice de ses fonctions, Patrick demanda, comme une insigne faveur, qu'il lui fût permis de célébrer la cérémonie d'un mariage dont les derniers bans venaient d'être publiés : ce qui lui fut aisément accordé.

A minuit, l'église alluma les flambeaux du maître-autel. Le sanctuaire rayonnait de clarté, mais les nefs restaient dans les ténèbres. Les deux époux entrèrent, suivis de leurs familles et de leurs amis, et tout ce monde s'agenouilla.

Un jeune homme qui ne paraissait pas appartenir

à cette société se glissa dans une des nefs latérales, et seul, resta debout, appuyé contre un pilier, dans une des ces poses qui affectent l'indifférence, mais qui, aux yeux des observateurs clairvoyants, trahissent une terrible agitation.

Un prêtre, revêtu de ses habits sacerdotaux, monta lentement les degrés de l'autel, et pria quelque temps avec ferveur.

Puis il descendit les marches de l'autel et imposa les deux mains sur les deux époux; ces mains tremblaient comme celles d'un centenaire agonisant qui invoque Dieu pour la première fois.

Tous les yeux étaient fixés sur la jeune épouse : elle ressemblait au chérubin prosterné devant l'arche et qui a replié ses ailes dans un frisson de sainte terreur.

Lorsqu'elle entendit la voix du prêtre qui lui demandait *si elle acceptait pour époux...* sa tête courbée se releva vivement, et jamais ce visage, qui a tout exprimé dans les jeux de la scène, ne fut contracté par une semblable émotion. La jeune épouse regardait le prêtre, et elle crut voir le fantôme pâle de Patrick, sorti du sépulcre pour la voir une dernière fois.

En même temps, un cri effrayant retentit dans la nef ténébreuse. Lorenzo avait reconnu Patrick qu'il avait quitté depuis quinze jours, et il ne put retenir une vive exclamation de surprise, malgré la sainteté du lieu.

Le *Oui* de l'épouse passa dans ce cri ; les assistants se retournèrent, et ne virent plus que des nefs désertes.

Il y avait dans cette cérémonie quelque chose de mystérieux et de fatal qui faisait présager un triste avenir.

Quelques minutes après, Patrick était resté seul en prière devant l'autel ; et malgré lui, il prêtait l'oreille au bruit sourd des voitures qui emportaient à la fête mondaine les époux et leurs amis.

Une main frappa l'épaule du prêtre : il se retourna et vit Lorenzo derrière lui.

— Cette fois nous ne nous quitterons plus, dit le jeune Italien à Patrick.

Le prêtre ne répondit pas; il se leva péniblement, et marcha vers la sacristie. Lorenzo le suivit.

Lorsque Patrick eut déposé ses habits, il dit à Lorenzo en montrant une étoile à travers un vitrail.

— Voilà l'étoile des mages qui se lève à l'orient.

— Partons! dit Lorenzo.

FIN DE MARIA.

LE SAVANT

ET

LE CROCODILE

Ce titre ressemble à celui d'une fable, et c'est une histoire vraie que je vais conter.

La ville de Belfast, en Irlande, est peuplée de savants; la science y court les rues, comme l'esprit chez nous. En arrivant à Belfast, je fus frappé de la physionomie générale des passants; tous les visages ressemblent à des figures de géométrie; de même qu'à Paris, tout le monde promeneur ressemble à un vaudeville du Gymnase, des Variétés ou du Palais-Royal, orné de pointes de couplets.

M. Adamson, un de ces innombrables savants qui gardent la droite sur les trottoirs de Belfast, était fort riche, quoique savant; et pourtant le bonheur lui manquait. Tous les matins, à son lever, il s'adressait cette question : Pourquoi le voyageur Bruce n'a-t-il pas découvert la presqu'île de Méroé ?

Tous les hommes font consister le malheur dans une spécialité quelconque. J'ai connu un honorable citoyen qui s'est laissé dépérir de langueur, parce qu'il avait été exclus, en 1830, des cadres de la garde nationale, *pour cause de stupidité militaire*. Il ne pouvait tenir son fusil que de la main droite, et ses mains étaient gauches toutes les deux. Vice radical.

M. Adamson étudiait la carte de Bruce, depuis les montagnes de la Lune jusqu'à Hermopolis, et il n'y trouvait pas cette presqu'île que le véridique Hérodote a vue de ses propres yeux, comme je vous vois.

Ce souci minait profondément le grave Irlandais.

Un jour, il se munit d'une paire de bas de Dublin, et s'embarqua pour l'Égypte, en passant par le canal Saint-Georges, la Manche, la France et la Méditerranée. Dans sa route, il ne daigna rien voir; la presqu'île de Bruce l'absorbait.

Il remonta le Nil, ne salua pas les Pyramides, impolitesse inouïe, mais qui ne produisit aucune sensation sur ces stoïques monuments; et après un séjour de quelques heures au Caire, il poursuivit son voyage jusqu'aux ruines de Karnak.

Il effleura d'un coup d'œil négligent les augustes colosses de Memnon, les cryptes d'Osimandias, les hypogées de Sésostris, les pylones d'Isis, les obélisques de Luxor et toutes les merveilles de la Thébaïde. Toujours remontant le Nil, il vit Latopolis, Éléthya, Apollinopolis, Ombos, et Syène, aujourd'hui, flétrie du nom barbare d'Assouan. Les ruines de ces villes antiques ne furent pas honorées d'un seul point d'admiration; c'était humiliant pour l'Égypte de Sésostris!

Un jour, la chaleur était si forte à midi, chose très-naturelle sous le tropique, que le savant Adamson se laissa séduire par la fraîcheur du Nil, et se décida, pour la première fois de sa vie scientifique, à prendre un bain dans le fleuve sacré.

Il regarda aux environs, avec une attention minutieuse, et ne découvrit aucun être vivant. Le désert méritait son nom. Il n'y avait pas même une statue d'Isis, d'Ibis, d'Anubis ou de Sérapis. Le Nil coulait dans un silence religieux, et baignait sur sa rive gauche des ruines superbes et anonymes, qui remontent par des chaînons de rochers à la vieille Éléphantine. Adamson, rassuré par la solitude et l'absence des *policemen*, se plongea dans les eaux vives du Nil, après avoir arrangé, avec soin, ses vêtements et ses bottes sur le rivage nu.

La savant remerciait la nature, bonne mère, qui plaçait ainsi un fleuve si frais auprès d'un sable si brûlant ; il savourait cette volupté du bain inconnue de la science, et se souvenait tout à coup de ses premiers exercices de nageur enfant, sur les grèves de Kingstown ; il quitta la station de la baignoire fluviale, et nagea comme un ignorant, en pleine eau.

Comme il se livrait aux doux ébats d'un triton d'eau douce, il entendit un souffle menaçant, et vit, à peu de distance, et à fleur du Nil, une gueule verte, ornée de dents léonines et de deux yeux enflammés.

Le savant se rappela aussitôt, mais trop tard, une fable qui commence ainsi : *Les chiens d'Égypte boivent toujours en courant, le long du Nil, de peur des crocodiles.* O sagesse *des chiens !* s'écria-t-il ; et il fit, de ses mains et de ses pieds, les plus grands efforts pour atteindre une petite île sablonneuse, écueil des barques, salut des nageurs.

C'était en effet un crocodile de la plus belle espèce ; un lézard colossal et amphibie, plus féroce que le tigre du Bengale ou le lion de l'Atlas ; il nageait sur le savant, qui, quoique maigre pour cause d'étude, offrait encore un mets satisfaisant à la gloutonnerie d'un crocodile à jeun.

Adamson gagna heureusement les bords de la petite île, ayant le crocodile sur ses talons ; il croyait même souvent sentir passer une haleine chaude à la plante de ses pieds, température effrayante dans un bain froid. Ce souffle l'avait aiguillonné. Il toucha la terre, mais au moment où il allait se livrer à la joie, il se souvint que le crocodile est amphibie, et apercevant un palmier frêle, isolé sur l'écueil, il embrassa la tige et grimpa au sommet avec l'agilité d'un écureuil. Si Adamson eût appartenu à l'espèce des faux savants, celle qui est douée d'un ventre en relief, il était perdu sans ressources ; par bonheur, il avait résolu, à vingt ans, quinze propositions d'Euclide, exercice méditatif qui l'avait maigri à vue d'œil, et l'avait rendu apte à l'escalade des palmiers.

Adamson se logea de son mieux sur la partie de l'arbre où les rameaux et les feuilles s'étendent, montent, retombent et se croisent selon les caprices de leur végétation indépendante, et ayant assuré sous ses pieds une base solide, il regarda le Nil.

Ses yeux se fermèrent d'effroi un moment ; le crocodile sortait de l'eau, en secouant sa carapace d'écailles luisantes, et il marchait, comme un poisson devenu quadrupède, vers la racine du palmier.

Le savant chercha aussitôt dans sa mémoire tout ce qui a été écrit sur les crocodiles, par Pline et Saavers, et il crut trouver, dans ces naturalistes, que ces animaux escaladaient les palmiers. — Oh ! dit-il, faites, mon Dieu ! que mes confrères les savants, qui se trompent à chaque page, se soient encore trompés à celle-ci !

Tout à coup il éprouva un nouveau frisson de terreur, se rappelant une notice qu'il avait insérée dans *Belfast-Review*, et dans laquelle il avançait lui-même que les crocodiles grimpaient sur les arbres comme des chats. Il aurait voulu jeter sa notice au feu ; mais il n'était plus temps, tout Belfast avait lu la notice, elle avait été traduite en arabe, et aucun auteur ne l'avait réfutée en Orient, pas même à Crocodilopolis.

Le féroce amphibie arriva au pied de l'arbre, et témoigna une joie vive en découvrant le nageur à travers les éclaircies des feuilles ; il fit quelques tours et détours, regarda encore, puis s'arrêta, comme pour convertir le siége en blocus, dans l'impossibilité absolue de prendre la place d'assaut.

Ici, rendons hommage à la vraie science. Adamson, malgré les préoccupations du moment, éprouva un vif accès de juste douleur ; il reconnut que sa notice commettait une erreur d'histoire naturelle ; mais il se promit bien de ne jamais la corriger, s'il échappait, par miracle, au péril. La notice avait été écrite avec conviction ; elle démontrait que les crocodiles grimpaient sur les palmiers : fait acquis à la science, impossible de revenir là-dessus, même en échappant à un crocodile, qui n'avait pu escalader un palmier du Nil. Un savant doit être inébranlable dans ses convictions.

La pose du crocodile prit un caractère alarmant. Le blocus existait dans toute son évidence stratégique. La science pouvait ainsi acquérir un nouveau fait : les crocodiles ne grimpent pas, ils bloquent. Sujet d'une nouvelle notice qui, sans démentir la première, donnait une nouvelle ruse de guerre à l'intelligence de ces animaux.

Étendu dans sa longueur démesurée, le crocodile bravait le soleil comme un lézard, et ne témoignait plus aucune impatience ; il attendait la descente du savant, et le frétillement de sa queue annonçait toute la joie que faisait naître en lui la seule pensée de cet inévitable festin.

De son côté, le savant étudiait les mœurs du monstre, et, la part de la science une fois faite, il recommençait à frissonner comme un agonisant suspendu aux lèvres d'un lion.

Les heures du blocus ont deux cent quarante minutes, mais elles passent comme les autres ; le temps rapide marche souvent avec des béquilles, mais il marche toujours, et ne s'arrête jamais. Le soleil se coucha, comme la veille, la nuit tomba, après un crépuscule très-court, et son dernier rayon montra au dernier regard du savant bloqué le crocodile dans son horizontale et désespérante immobilité.

En cherchant dans ses souvenirs pour trouver une similitude, une consolation ou un espoir, Adamson rencontra son compatriote Robinson Crusoé, natif d'York, lequel passa une nuit sur un arbre, après son naufrage, par mesure de précaution. L'arbre de cet illustre solitaire était probablement un palmier ; le domicile était donc possible, quoique dur. Robinson avoue même qu'il dormit. Au reste, on trouve souvent, dans les auberges anglaises, des lits aussi durs qu'un sommet de palmier ; réflexions salutaires qui offrirent quelque douceur aux angoisses du malheureux savant de Belfast.

Adamson dormit peu dans cette longue nuit ; il eut plusieurs rêves, courts, mais émouvants. Il rêva qu'il était assis devant les académiciens de Belfast, leur lisant une notice pour leur démontrer que les crocodiles n'existaient pas, comme le sphinx, et que les Égyptiens avaient découvert cet animal fabuleux. A la fin de ce rêve, il crut recevoir sur ses joues une rosée de larmes de crocodile ; il se réveilla en sursaut, et faillit tomber du haut du palmier sur la queue de son gardien endormi.

Cela le rendit plus circonspect ; il fit violence au sommeil, et retint ses paupières avec son doigt pour les empêcher de se fermer. Que ne fait-on pas pour conserver sa vie !

Au lever du soleil, Adamson vit avec désespoir que rien n'était changé dans l'état du blocus. Le crocodile seulement ne couvrait plus le terrain occupé la veille; pendant la nuit, le monstre affamé avait tendu d'heureux piéges à d'innocents poissons descendus du Nil blanc, et il s'était réconforté avec un *media noche*, comme un gourmand de l'ancienne Chartreuse de Villeneuve-lez-Avignon, où la cuisine maigre et *icthyophile* a obtenu de si merveilleux progrès.

Le bord de la petite île était couvert de débris d'arêtes encore saignantes, et ce fut un bien triste spectacle pour le savant, car, se dit-il, si ce monstre trouve à se rassasier ainsi toutes les nuits, le blocus ne finira pas, et je tomberai d'inanition dans la gueule de ce vorace ennemi.

Ce raisonnement ne manquait pas de justesse, et provoquait une insurrection de cheveux sur la tête du savant.

L'estomac, machine indépendante de l'esprit, et qui a des exigences inexorables, réclamait deux repas au pauvre Adamson, celui de la veille et celui du matin. Le murmure de la faim arrivait aux oreilles d'Adamson, et il paraissait difficile de l'apaiser.

Deux savants qui se trouveraient en pareil cas de famine auraient des souvenirs tout prêts dans les histoires des siéges ou des naufrages; le plus fort dévorerait le plus faible, pour lui conserver un confrère cher à la science; mais Adamson était seul, et il voyait, avec une juste épouvante, la famine se combinant avec le blocus, comme cela s'est rencontré à Gênes, sous Masséna.

Entre autres choses qu'il ignorait, ce savant ne savait pas que les palmiers produisent des fruits nommés dattes, fruits savoureux, exquis, charnus, dont les Arabes vivent très-bien depuis Adam, premier colon de l'Arabie. Or, un rayon du soleil levant, glissé entre les feuilles massives, révéla de larges grappes de dattes au regard affamé du savant.

A Belfast, Adamson déjeunait avec une tranche de bœuf et deux livraisons de jambon d'York assaisonnées de porto ; il fallut faire trève à ces douces habitudes gastronomiques, et se contenter des végétaux providentiels, manne du désert.

Une étrange pensée vint l'assaillir après déjeuner ; il se rappela un commentaire du livre égyptien de *Sethos*, dans lequel un autre savant a prouvé que les crocodiles sont les vengeurs naturels de tous les outrages commis en Égypte par les barbares. Cela paraît raisonnable, pensa-t-il, car si les crocodiles ne servent pas à venger des outrages, à quoi servent ces horribles animaux ? Sa conscience lui reprochait toutes les irrévérences dont il s'était rendu coupable en traversant l'Égypte sans saluer les ombres pyramidales des pharaons et les colosses du divin Osimandias. Il lui restait la ressource des grands criminels agonisants ; il se repentit et fit vœu, s'il échappait au crocodile vengeur, de baiser les orteils du Memnon ténor, qui chante une cavatine au lever du soleil.

Un vœu fait donne quelque tranquillité à l'esprit. Il regarda le monstre cerbère pour s'assurer si le vœu avait produit quelque effet sur ses écailles ; le monstre veillait toujours, et ne paraissait pas avoir entendu le vœu.

Une soif ardente dévorait la poitrine du savant, autre malheur du blocus ! Les dattes altèrent beaucoup. Comment boire ? L'infortuné Tantale voyait sous ses pieds un large fleuve, et il mourait de soif. Le Nil avait des murmures ironiques ; il se contentait de rafraîchir l'air, et il ne donnait pas une goutte d'eau à la lèvre aride du malheureux bloqué. En se comparant à son compatriote Robinson Crusoé, il conclut que tout l'avantage de la position était à ce dernier. En effet, Robinson passa une nuit sur un arbre ; mais il descendit le lendemain ; il tua des perroquets, en fit des fricassées de poulet; il but de l'eau claire et du rhum; il se promena sous un parasol; il se bâtit un gîte; il ne rencontra aucun crocodile, et découvrit un Vendredi. Heureux Robinson! disait à voix basse le savant, heureux insulaire! roi et sujet à la fois! Et cet ingrat osait se plaindre! Je voudrais bien le voir à ma place sur ce palmier!

On est forcé de convenir que les doléances de Robinson sont des insultes envers la Providence. Voilà bien l'homme! il se plaint toujours de son malheur! Mais Adamson est-il plus raisonnable, quand il accuse son compatriote d'York? Hélas! non. Cet homme perché sur un palmier ne savait pas que, ce même jour, à la même heure, l'infortuné savant français, Adolphe Petit, était dévoré par un crocodile devant les ruines d'Ombos! Les hommes devraient bien cesser de se plaindre de leur sort.

En ce moment de légères vapeurs couvrirent le soleil, et Adamson éprouva un mouvement de joie; il comptait sur une bonne pluie, et il préparait déjà les deux creux de ses mains pour faire une orgie hydraulique avec la rosée du ciel. Sa joie fut courte. Il se rappela cette désespérante inscription : *Limite delle pioggie*, limites des pluies, que le courageux voyageur italien, Rossignol, l'ami de Belzoni, a gravée sur sa carte du Nil. Le palmier d'Adamson était fatalement placé dans la latitude qui plombe le ciel et ne le mouille jamais.

Il récita, pour se désaltérer l'imagination, un passage de la *Jérusalem*, où le Tasse décrit les croisés, buvant, à pleins casques, une pluie miraculeuse, après les longues rigueurs d'un ciel d'airain. Ces vers lui firent venir l'eau à la bouche, quoique prononcés en italien anglais.

Le crocodile semblait deviner la souffrance du Tantale de Belfast; il avalait, au passage, des carafes de

Nil, en décochant au palmier des regards obliques et narquois. Les plaisanteries des monstres sont intolérables. Adamson fut révolté, ce qui donna à sa soif une nouvelle irritation.

Il promenait ses yeux sur le Nil dans l'espoir de découvrir une djerme à la voile ou à la rame, et de lancer un cri de détresse aux navigateurs ; mais cet espoir est illusoire ; dans ces parages dangereux, *situés en amont des rapides*, comme dit Bruce. La solitude gardait son silence de mort ; on n'apercevait que des ruines noirâtres, où perchaient quelques ibis, immobiles comme des points d'admiration.

Involontairement la pensée du savant se reporta sur Robinson Crusoé. Cet insulaire, se disait-il, a eu grand tort de tant murmurer contre un malheur qui me paraît si heureux. Mais mon compatriote avait du bon. Il était né inventeur, il s'est fait du pain, un parasol, un costume, et même une pipe. La privation le rendait ingénieux. Sur ce palmier, Robinson aurait trouvé de l'eau... Voyons, comment s'y serait-il pris?

Il réfléchit longtemps pour inventer quelque chose, d'après le procédé Robinson, et le feu intérieur de la pensée acheva de brûler sa langue; il avait des tisons dans la bouche; il était arrivé à ce délire qui fait demander au damné de l'enfer une simple goutte d'eau.

Et le Nil roulait toujours devant lui ses flots doux et majestueux.

O nécessité, mère de l'industrie, tu n'abandonnas jamais les diciples de Robinson!

Le savant battit des mains comme s'il se fût applaudi lui-même : il avait découvert un procédé hydraulique. Qu'il faut peu de chose pour donner de la joie à la pauvre humanité! Voilà un homme, perché sur un palmier, un agonisant voué à la gueule d'un crocodile, et qui trouve le secret de se réjouir, parce qu'il a inventé un moyen équivoque de donner à ses lèvres quelques gouttes d'eau saumâtre du Nil!

Adamson, fier de lutter avec son compatriote d'York, se mit tout de suite à l'œuvre : il arracha plusieurs branches fort longues, et les lia par chaque bout, au moyen de filaments détachés de la tige, et roulés entre les dents et les lèvres. Cela fait, il attendit le moment où le crocodile faisait une petite promenade entre deux eaux, pour remplir ses devoirs d'amphibie, et il laissa doucement tomber la pompe aspirante sur les bords du fleuve, où elle but beaucoup d'eau, par les feuilles spongieuses, flottantes à l'extrémité. Cette corde végétale fut retirée ensuite avec une grande précaution, et deux lèvres calcinées se précipitèrent sur les dernières feuilles imbibées d'eau douce, et deux fois douce. Jamais gastronome assis à un festin parisien ne savoura plus voluptueusement une coupe remplie par la naïade écarlate qui coule devant Bordeaux. Notre savant riait de bonheur, comme un écolier, et, n'ayant rien de mieux à faire, il recommença l'expérience, et se livra, sans mesure, à tous les excès de l'intempérance, pour payer à ses poumons un long arriéré de soif. Tantale n'avait pas inventé cela.

Adamson riait surtout à l'idée de mystifier son crocodile qui, d'ailleurs, méritait bien un pareil tour.

Rassuré sur les deux premiers besoins de la vie, Adamson se souvint qu'il avait subi quelques accès de fraîcheur perfide, dans les heures humides de la dernière nuit; l'absence de tout costume qu'il portait, comme nageur, lui paraissait favorable pendant les ardeurs tropicales du jour; mais il fallait songer à se vêtir pour minuit. Un autre motif excitait le savant à découvrir, comme Robinson, un costume décent. — De quel front oserais-je me présenter en public, si une barque providentielle de sauvetage passait devant moi? disait le judicieux savant.

Cela dit ou pensé, Adamson cueillit dans son alcôve aérienne une certaine quantité de feuilles énormes, et s'asseyant comme un tailleur, il confectionna un paletot végétal qui, sans appartenir à la dernière mode, avait un caractère primitif assez pittoresque. Deux feuilles suffirent pour le bonnet nocturne, qui ne manquait pas d'une certaine élégance, et ne faisait pas regretter nos horribles chapeaux de jour.

L'auteur de toutes ces ingénieuses trouvailles se témoigna sa satisfaction en se serrant entre ses bras : il était logé, vêtu, nourri, désaltéré aux frais de la nature. Tout bonheur est relatif. Adamson s'estimait très-heureux, et en fait d'expédients, il regardait Robinson Crusoé avec dédain, de toute la hauteur de son palmier.

Comme il réfléchissait mollement sur son bonheur, il aperçut le crocodile au pied de l'arbre, et le monstre lui parut agité d'une pensée mauvaise. Le savant ne se trompait pas.

De son côté le crocodile avait réfléchi. Ne pouvant prendre le palmier ni par l'assaut, ni par le blocus, il avait recours à la mine et à la sape. Les énormes dents du monstre se mirent à l'œuvre, et elles rongeaient la base de l'arbre avec un acharnement féroce. Le crocodile avait l'air de penser cette phrase : « Il est temps que cela finisse ! » Et Adamson entendait en frissonnant les craquements d'une monstrueuse mâchoire sur la base de son habitation.

Il eut l'heureuse idée de se recommander à saint Siméon stylite, l'anachorète du chapiteau.

La disposition des dents molaires et incisives est faite, chez les crocodiles, de telle sorte qu'elle ne peut nuire à la base d'un palmier; ces monstres ne rongent que de côté; ils effleurent et ne creusent pas. La sage nature a voulu ainsi donner l'asile des palmiers aux malheureux poursuivis par les crocodiles. Le savant ignorait aussi cette particularité organique de l'impuissance maxillaire du sapeur écaillé. Pline et Saavers mentionnent ce fait rassurant ; mais ces deux naturalistes ne pouvaient être consultés, en ce moment, au chapitre crocodile. Adamson plongeait de l'œil sur la base des opérations ; mais placé trop haut et trop mal pour en apprécier le danger, il s'attendait à voir s'écrouler l'arbre sauveur à chaque instant, et ses cheveux frissonnaient sous son turban de feuilles, à l'idée d'être lancé à la gueule du monstre, et d'entrer chez lui par sanglantes livraisons, comme dans un tombeau écaillé, et sans épitaphe qui annonçât les vertus du défunt à la postérité de Belfast.

Le crocodile travailla ainsi plusieurs heures à la sape, et un certain découragement se manifesta dans sa mâchoire ; il eut alors recours à un autre expédient, celui de battre en brèche le palmier avec sa queue de bronze. L'arbre tenait bon, mais ses secousses n'étaient pas rassurantes pour le savant ; il subissait comme un long tremblement de terre, et son toit de feuilles s'agitait avec des ondulations convulsives ; par intervalles, une grappe de dattes se détachait d'une branche, et tombait sur les écailles du crocodile, et le monstre redoublait de fureur, comme un assiégeant qui reçoit un projectile lancé des remparts. Cette chute de dattes offrait aussi à Adamson un autre sujet d'effroi ; qu'allait-il devenir si toute sa provision de comestibles s'écroulait ainsi en détail !

Jamais homme n'éprouva pareilles angoisses ; aussi notre savant, après s'être convaincu que la vie ne vaut pas la peine d'être défendue à ce prix, résolut de se précipiter du haut de son toit, pour trouver le repos dans la mort. Plein de cette idée de désespoir, il se leva debout sur le sommet du tronc, écarta les branches qui pouvaient le retenir au bord du précipice, et avançant un pied, il retint l'autre fortement, et ne se précipita pas. Une pensée honorable le retenait sur l'abîme : Adamson n'avait point de famille, point de femme, point d'enfants, point de neveux ; il devait donc se conserver avec soin, sur la terre, comme le seul représentant des Adamson. L'homme est toujours ingénieux, lorsqu'il s'agit de transiger avec le désespoir. S'il a une famille et des enfants, il veut vivre pour eux ; s'il est isolé sur la terre, il veut vivre pour se rendre service à lui-même, et ne pas *mourir tout entier, non omnis moriar,* dit le poëte latin.

Adamson se témoigna beaucoup de reconnaissance, après avoir pris cette héroïque résolution ; même il se traita de lâche, pour avoir un instant entretenu la pensée de se servir lui-même en pâture à la voracité d'un monstre amphibie ; ce devoir rempli, il s'assit encore sur son fauteuil végétal, et prit les précautions les plus minutieuses pour se garantir d'une chute.

Oh ! qui sondera jamais le cœur humain, et surtout le cœur des savants ! Le croirait-on ? notre solitaire du palmier, revenu de ses premières terreurs, trouva un amusement assez curieux dans le spectacle de ce crocodile acharné contre une tige d'arbre très-fortement incrustée sur le roc d'un écueil. Les ondulations, si alarmantes d'abord, lui donnaient le plaisir de l'escarpolette ; il souriait d'un air paterne aux efforts inutiles du monstre, lui adressait des épigrammes anglaises, et le traitait même de *goose,* de *rascal* et de *naughty boy.* L'accent anguleux qui accompagnait ces insultes irritait le monstre, qui répondait par un cliquetis d'écailles assez harmonieux pour l'oreille d'un savant de Belfast.

Décidément, le palmier était inébranlable. Adamson triomphait ; il se rappela le chapitre que Sénèque a écrit sur la manière de bâtir l'édifice de son bonheur dans toutes les situations de la vie, et il résolut de bâtir le sien.

Il entrevit un avenir heureux ; que lui manquait-il ? il aurait un beau climat, une nourriture frugale, mais saine, une solitude charmante, de l'eau douce à profusion ; il espérait même un jour arrêter au passage des pigeons d'Éthiopie, et les faire rôtir au soleil, surcroît de comestibles. Quant à ses plaisirs, il aurait à ses pieds un fleuve merveilleux, des ruines mystérieuses, un crocodile amusant, tout ce qu'il faut enfin pour passer des heures agréables. De plus, il pouvait, dans ses loisirs, préparer sérieusement des manuscrits sur l'étude antique des pays qui se déroulaient devant lui jusqu'aux monts des Émeraudes, et les monts d'Ajas, solitudes immenses où s'élèvent les ruines des temples de Jupiter et d'Apollon, entre Bérénice et Néchesia.

Réjoui par ces nouvelles idées, il songea sérieusement à établir son logis d'une manière plus confortable. Il le divisa en trois *rooms* distincts, et séparés par des cloisons de feuilles ; il passait ainsi d'un *room* à un autre pour faire un exercice hygiénique et savourer les plaisirs du propriétaire. Son cabinet de travail contenait plusieurs rames de feuilles de palmier sur lesquelles il pouvait écrire, comme sur vélin, à l'aide d'un stylet d'écorce. Sa salle à manger, *dinning-room*, abondait en dattes fraîches ou sèches, qui pleuvaient dans sa bouche. La pompe hydraulique, encore perfectionnée, avait aussi son coin spécial. Il ne regrettait qu'une chose, une paire de gants. Le bonheur n'est jamais complet.

Tous les jours se levaient purs et sereins ; à chaque aurore, Adamson prêtait l'oreille au désert, et il entendait la cavatine du colosse de Memnon ; il avait donc tous les matins sa soirée d'opéra. Ensuite, il s'amusait à voir le crocodile, et quand il était content de lui, il lui envoyait quelques dattes pourries, que le monstre avalait gloutonnement, ce qui faisait rire aux éclats le grave Adamson. Entre ses deux repas, il se livrait à l'étude et à la méditation; il ouvrait la bibliothèque de sa mémoire, et lisant Hérodote, il visitait avec lui le labyrinthe ou les rives du lac Mœris ou Arsinoé, la province des roses. Une autre fois, il suivait l'empereur Adrien, sur les bords du Nil, jusqu'à sa ville d'Antinoüs. Quand une pensée profonde illuminait son cerveau, il la gravait sur papyrus, et prenait un extrême plaisir à la relire vingt fois. Dans ses petites promenades sur une branche horizontale, il aimait à contempler le lointain vallon de Cambyse, et donnait une larme à ces sages et malheureux Égyptiens si cruellement ravagés par des Perses imbéciles et cruels. Avant le sommeil il se professait un cours d'astronomie, sous ces splendides constellations, chères aux Chaldéens et aux sculpteurs du zodiaque de Tentyris. Jamais un voisin jaloux n'épiait sa conduite et ne diffamait ses actes; jamais un journal ne s'occupait de lui; jamais un policeman ne l'arrêtait avec sa baguette; jamais un percepteur ne lui réclamait des impositions directes. Il était libre comme l'air de sa chambre, et riait amèrement de tous les sarcasmes que le misanthrope Alceste lance contre les humains. Pourquoi Alceste, disait-il, ne se réfugie-t-il pas sur un chapiteau, ou sur un palmier, comme Siméon ou comme moi? il s'épargnerait bien des fièvres et des soucis.

Laissons un instant notre heureux anachorète sur son palmier et descendons sur la rive gauche du Nil, où un nouvel incident de cette histoire va se révéler par le malheur d'Adamson.

M. Darlingle, savant botaniste anglais, cherchait des lotus jaunes sur les rives désertes du Nil. Hérodote a vu des lotus jaunes, mais Hérodote avait le privilége de voir des choses absentes, et entre autres, deux pyramides de deux cents mètres de hauteur au milieu du lac Mœris. Il pouvait donc bien avoir vu des lotus jaunes. Il est vrai que, depuis son époque, ils ont disparu ; ce qui oblige les botanistes consciencieux à les chercher toujours.

Donc, M. Darlingle cheminait, à travers la chaîne libyque, furetant toutes les crevasses soupçonnées de recéler ses lotus.

Deux Arabes, armés de carabines, accompagnaient le savant.

Il y a des choses qui bouleversent l'imagination quand on les rencontre au désert. Le voyageur Caillaud raconte qu'il fut saisi comme d'épouvante en découvrant les quarante pyramides de la presqu'île de Méroé. Caillaud a eu tort de s'étonner, en cette occasion. On serait saisi d'effroi, et avec juste raison, si au milieu du désert de Sahara on trouvait une jolie boutique isolée, avec cette enseigne : *cabinet de lecture*. Or, Darlingle était dans son droit, lorsqu'il poussa un cri d'épouvante sur la rive gauche du Nil.

Il venait de voir deux bottes, l'une debout et fière, l'autre mollement inclinée sur sa tige, comme fatiguée d'un long repos.

Rien n'est stupide à voir comme deux bottes qui attendent le portier sur le carré d'un hôtel garni ; mais le sentiment qu'elles peuvent inspirer sur la rive déserte du Nil est inexprimable. On pousse un cri, et on recule d'horreur ; les deux serpents de Mercure inspireraient moins d'effroi.

Il faut dire aussi que les vêtements, laissés en bloc par Adamson sur le rivage du Nil, avaient disparu, soit que le courant du fleuve les eût emportés, soit qu'un crocodile omnivore les eût avalés en passant. Les bottes seules restaient debout, et un peu à l'écart, sur un piédestal de rochers.

Vous comprenez maintenant l'épouvante légitime du botaniste anglais.

Il crut d'abord que ces deux formes de chaussures étaient un jeu naturel, et une double aspérité de la roche libyque; mais, en se rapprochant, il reconnut l'authenticité du cuir, et recula de peur, comme il eût fait devant un spectre qui n'aurait laissé voir que ses bottes.

Les deux fidèles Arabes, natifs d'Ombos, n'avaient jamais vu de bottes de leur vie; ils s'effrayèrent de la frayeur du botaniste, et firent feu bravement sur les deux tiges de cuir, qui tombèrent percées de quatre balles. Cette exécution ne pouvait rassurer les esprits de Darlingle; cependant il sut gré aux Arabes de leur dévouement, et les remercia par un geste expressif.

Le botaniste se remit à contempler les deux bottes étendues, et dans cette nouvelle position elles paraissaient encore plus étranges, au milieu d'un désert.

Sur la cime de son palmier, Adamson entendit les coups de feu des Arabes, et tressaillit : un bruit d'armes annonce toujours, chez les sauvages, la présence d'un homme civilisé.

Il sortit de sa chambre à coucher, entra au vestibule, écarta quelques feuilles qui voilaient la direction de l'est, et vit trois hommes arrêtés sur la rive du Nil.

Sa première pensée fut une courte malédiction lancée contre les importuns qui venaient le troubler dans sa solitude et sa méditation; mais ensuite la faiblesse humaine l'emporta; il résolut de faire des signaux de détresse à ces trois êtres humains.

Il coupa une longue branche de palmier, la dépouilla de ses feuilles jusqu'à l'extrémité exclusivement, et l'agita au dessus de l'arbre, comme l'instrument chinois, tandis que de l'autre main il lançait au Nil des grappes de dattes, seuls projectiles qu'il eût à sa disposition.

Le botaniste, environné de ce silence connu des aéronautes seuls, se retourna au léger bruit du fleuve, creusé par une grêle de dattes, et cette fois il éprouva encore une surprise plus grande que la première, l'apparition des bottes fut oubliée : il vit un palmier agitant un énorme plumet, en l'absence de toute brise, et cette découverte lui causa une joie infinie ; après le premier moment de surprise, il aurait donné tous les lotus jaunes pour ce palmier phénoménal.

Ouvrant son album de voyage, Darlingle s'empressa d'enregistrer cette découverte, et il écrivit ceci : *On trouve dans la Haute-Égypte une espèce de palmier qui a les propriétés de l'aloès, avec cette différence pourtant que l'aloès, après avoir lancé sa tige à trois mètres au dessus du sol, la maintient immobile, tandis que le palmier de la Haute-Égypte agite verticalement sa tige supérieure, avec une régularité de mouvements prodigieuse. Nous avons donné à cet arbre le nom de palmier-Darlingle.*

Cela écrit, le botaniste dessina son palmier, et le montra aux deux Arabes, n'ayant pas d'autre public pour le moment. Ces enfants du désert, avec leurs yeux de lynx, venaient de découvrir une forme humaine sous l'épais feuillage du palmier de l'île, et leurs gestes la désignaient au botaniste, qui, absorbé par le bonheur de sa découverte et la beauté de son dessin, ne comprenait rien aux gestes des Arabes, et ne pensait qu'à la sensation produite par le palmier-Darlingle dans le monde savant.

Les deux Arabes insistaient toujours ; aussi Darlingle, malgré le désir qu'il avait de ne s'occuper que de lui, fut enfin bien forcé à suivre la direction de leurs doigts indicateurs. La pantomime des arabes était claire comme la parole : Regardez donc, disaient-ils, regardez cette petite île ; vous verrez une créature humaine sur le palmier ; elle est en péril, elle fait des signaux, et nous devons la secourir tout de suite.

Darlingle allongea sa petite lunette d'approche, en haussant les épaules, de l'air d'un homme qui fait une concession polie, et il regarda nonchalamment le palmier-Darlingle... Troisième surprise, dans la même heure ; la dernière absorbant les autres. Il avait vu distinctement un visage, et même un visage anglais, s'arrondir entre deux feuilles, et une main qui secouait une branche dépouillée et surmontée d'un panache. Il serra sa lunette avec tristesse, relut son article, revit son dessin, et après avoir réfléchi, comme Brutus, pour savoir s'il détruirait ses deux enfants ou s'il les laisserait vivre, il se décida pour ce dernier parti. — Oh! bien! tant pis! dit-il; ce qui est écrit est écrit; je n'en retrancherai pas un mot! D'ailleurs, puisque l'aloès existe, le palmier-Darlingle aurait pu exister, si la nature l'avait reconnu utile ; je le reconnais utile, moi, et je le maintiens.

Cette résolution prise, les trois hommes tinrent conseil ; il s'agissait de trouver une barque, et de secourir ce voyageur en détresse. L'un des Arabes proposa un avis qui fut adopté. On se mit en marche pour Assouan, éloigné de plusieurs milles dans le désert, et, après deux heures brûlantes et une course rapide à travers des monceaux de sable, on atteignit ce village qui fut une ville au temps d'Hérodote. M. Darlingle montra au premier pêcheur une pièce d'or et une barque, pantomime toujours comprise. On mit la barque à flot, et le botaniste désignant au marinier la direction fluviale, lui dit fièrement, comme s'il eût été compris : L'île du Palmier-Darlingle.

Le doigt indicateur aurait suffi. On descendit le Nil.

L'île du Palmier-Darlingle fut bientôt signalée à

l'horizon, et à mesure qu'on approchait, les Arabes aux yeux de lynx témoignaient quelque inquiétude et échangeaient des signes d'intelligence. Après un quart d'heure, le doute n'était plus permis; ils avaient réellement vu un énorme crocodile qui rôdait autour du palmier.

Ils firent part de leur découverte au botaniste, qui atteignit sa quatrième surprise du jour, et trembla de froid, sous quarante degrés réaumur. Toutefois, avouons à sa louange qu'il ne voulut point, par une peur trop visible, compromettre la dignité fluviale de l'Angleterre aux yeux de l'Arabie déserte; il dissimula son effroi, d'ailleurs très-naturel chez un botaniste habitué à chasser aux fleurs, et n'ayant rien à démêler avec les monstres amphibies du Nil.

Les Arabes causaient entre eux tranquillement, comme des gens habitués à chasser aux crocodiles; ils renouvelaient, aux amorces, les capsules anglaises, toujours infaillibles, et *patent-safety*, ils cherchaient, pour leurs pieds, des appuis solides, et recommandaient au rameur les plus grandes précautions dans ses mouvements.

Le crocodile voyait arriver la petite barque, comme une proie ou comme un péril; il s'apprêtait à la défense ou à la fuite, selon l'importance et le nombre des agresseurs. Couché au bord du fleuve, immobile comme un crocodile empaillé, il tenait sa gueule béante, pour engloutir au passage le premier ennemi descendu.

Les deux Arabes, grands connaisseurs des mœurs de ces monstres, se tenaient debout, à l'avant de la barque; ils ajustèrent, ils prononcèrent une syllabe à l'unisson, et leurs deux coups de feu n'en firent qu'un. Les balles entrèrent par le seul côté vulnérable, la gueule ouverte, et parcoururent toute la longueur intérieure de l'animal.

Le monstre secoua sa tête avec des contorsions comiques, qui provoquèrent une gaieté folle aux premières loges du palmier, et vomissant des flots de sang noir sur le sable, il ferma ses yeux baignés de larmes et ne remua plus.

Adamson rajusta le désordre de sa toilette végétale, chercha des gants par habitude, et n'en trouvant point, il descendit avec les plus délicates précautions, pour ne pas déchirer son paletot, et épargner une exclamation de *Shoking!* au compatriote qu'il avait très-bien reconnu de loin, à ses cheveux et à ses gants.

Les Arabes sont graves; mais leur sérieux disparut dans un rire fou, lorsqu'ils aperçurent le costume d'Adamson. Le botaniste lui-même, rassuré par la mort du crocodile, mordit ses lèvres pour épargner à son compatriote le spectacle d'une hilarité anglaise, fort déplacée en pareille occasion. Le botaniste et le savant se serrèrent les mains, à la mode de leur pays, et se racontèrent leurs histoires. Adamson pria Darlingle de vouloir bien éteindre par un ordre les rires immodérés des trois Arabes, car il était décidé de porter plainte à son consul.

Alors Darlingle eut une idée plus complète que celle de saint Martin; il ôta son paletot de coutil gris et le donna généreusement à son compatriote. Adamson se retira à l'écart, fit sa petite toilette, et se boutonna étroitement. On mit le crocodile en travers, à l'arrière de la barque, comme pièce de conviction, et provisoirement Adamson voulut descendre sur le rivage pour se chausser. Le moment du départ fut solennel. Depuis lord Byron, les Anglais ont pris l'habitude de saluer les îles ou les continents qu'ils abandonnent sans espoir de retour; Adamson salua son palmier, et en l'embrassant, il déposa quelques larmes sur son écorce; il fit ensuite une collection de toutes les feuilles qui avaient servi à son ameublement et à ses autres usages domestiques. Ces précieuses reliques étaient destinées à la galerie nationale de *Charing-Cross*. Au nom de la ville de Londres, M. Darlingle remercia le savant, et ne perdit pas l'occasion de prononcer un *speech* d'une heure sur le lieu même où ce don était fait si généreusement.

De son côté, Adamson se montra généreux envers le botaniste : il le remercia au nom de la science, pour cette précieuse découverte du palmier-Darlingle, qui ajoutait un individu de plus à la grande famille des palmiers ; il promit même d'écrire, dans la *Revue de Belfast*, une notice qui prouverait que ce palmier, nouvellement découvert par le zèle infatigable de Darlingle, appartenait à l'espèce, dite improvisatrice, des aloès de Ceylan.

Les Arabes écoutaient et regardaient, avec des yeux ébahis, ces deux Anglais qui parlaient si longtemps, en plein désert, sous un soleil qui rôtit le front et le fait fumer comme une chair sur le gril.

On se rendit ensuite, par voie de terre, au village d'Assouan, où Adamson trouva un costume arabe complet et une hospitalité digne des siècles d'Abraham et de Jacob. Un homme qui entrerait dans une ville d'Europe avec le costume que portait Adamson serait emprisonné, pour cause de vagabondage, et jugé trois mois après.

Le savant et le botaniste s'unirent dès ce moment d'une étroite amitié ; ils renoncèrent l'un à la presqu'île de Méroé, l'autre aux lotus jaunes, et songèrent à se faire nommer consuls dans quelque résidence de l'Inde ; ils avaient des titres évidents, et jamais méconnus par le gouvernement anglais. Ils profitèrent donc du départ de la première caravane pour traverser le désert et gagner le Caire. Adamson se souvint de son vœu, après le péril passé, chose rare ! Il baisa les saints orteils du colosse d'Osimandias, et, en apercevant les pyramides, il daigna leur faire le plus gracieux salut. Les deux amis trouvèrent le paquebot de Malte au port d'Alexandrie, et ils débarquèrent bientôt dans cette île anglaise, *fleur du monde, fior del mondo*, comme disent les Maltais. Là, Darlingle et Adamson se partagèrent la besogne ; Adamson écrivit dans le journal *Malta-Times* un article admirable sur l'intrépide voyageur botaniste Darlingle, qui avait découvert le palmier-Darlingle, au péril de ses jours, en tuant deux reptiles noirs, de l'espèce du *cobra-capel*. L'article était illustré d'un dessin sur bois, représentant le nouvel arbre, agitant son panache dans l'air. Darlingle, à son tour, annonça au monde l'expédition aventureuse de M. Adamson, qui s'était hasardé au dessus de la troisième cataracte, avait relevé les écarts de la carte de Bruce, et tué deux crocodiles au moyen de l'électricité. Ces deux relations précédèrent à Londres les deux voyageurs. Le *First clerck* les manda tout de suite à *White-Hall* et les félicita sur leurs découvertes. On ne s'en tint pas là : ils reçurent une *rent* de cinq cents livres et une commission de consul, dans deux des meilleures résidences de l'Inde. Le palmier-Darlingle fut ajouté, en effigie, à la collection du *Zoological-Garden*, et le cadavre du crocodile, tué par l'électricité, fut suspendu au plafond d'une salle, à la galerie de *Charing-Cross*. Toutes les choses de ce monde se passent ainsi, ou à peu près.

Ceux qui ont médité sur l'homme ne seront point étonnés de lire la fin de cette histoire vraie. Adamson représente aujourd'hui l'Angleterre à Chandernagor ; il possède une superbe habitation sur le Gange ; il compte six éléphants dans ses étables ; il commande à dix serviteurs ; il a épousé une créole charmante ; il affiche le luxe d'un nabab, eh bien ! très-souvent, dans ses jours d'oisiveté consulaire, il regrette la douce vie qu'il menait dans son appartement aérien du palmier de l'île : mieux encore! il regrette le spectacle émouvant que lui donnait le monstre amphibie; il regrette sa soif de flamme, si délicieusement étanchée avec des gouttes d'eau! L'ennui, cette soif de l'âme, le saisit quelquefois si violemment, qu'il se trouve prêt à quitter ses éléphants, son habitation, sa femme, pour revoir son palmier, et y passer une quinzaine, *fornight*. Si le gouverneur donne un congé à Adamson, ce projet se réalisera. Est-ce que, par hasard, l'infortune serait le bonheur? Cela expliquerait pourquoi on ne le rencontre jamais en ce monde. Méditons!

LE RAT

Les livres d'histoire naturelle ne font pas vivre les animaux, ils les empaillent dans des feuillets taxidermiques. L'histoire naturelle pittoresque et anecdotique n'est pas encore faite, et probablement on ne la fera jamais. Cet immense travail est au dessus des forces d'un seul homme; il faudrait, pour le mener à bien, une société d'observateurs spéciaux, se partageant chacun leur travail, selon leurs goûts et leurs études. Tel qui a passé sa vie à observer l'éléphant aura probablement dédaigné la fourmi, et pourtant ces deux animaux offrent un intérêt égal, et sont de même taille dans l'infini de la création.

Un jour, j'ouvris un livre d'histoire naturelle, et je lus ceci, à l'article RAT :

« *Cet animal immonde habite les lieux obscurs et souterrains; il commet de grands ravages; il est très-glouton, et sa voracité est cause presque toujours de sa perte. On le prend aisément, au moyen d'un appât quelconque, et à l'aide de piéges, nommés souricières. Le chat est l'ennemi acharné du rat.*

Le naturaliste qui a écrit ce portrait a enseigné à tout le monde ce que tout le monde savait; seulement, on pourrait écrire un volume avec ce qu'il n'a pas dit.

Le rat est peut-être le plus intelligent, le plus rusé, le plus raisonneur de tous les animaux; c'est ce que démontre l'observation. Un fait généralement admis depuis des siècles, est celui-ci : quand une vieille maison menace ruine, les rats déménagent et vont chercher un autre asile pour vivre en sûreté; car le rat tient à la vie comme un épicurien; il connaît la mort de réputation, et la regarde comme un malheur.

J'ai observé ce fait, après mille autres, et je le trouve effrayant.

Les rats vivent en république, mais ils reconnaissent l'autorité d'un chef, comme les abeilles. Ordinairement ce chef se nomme lui-même, parce qu'il se juge supérieur à tous les autres. Tout absolu qu'il est, il appelle toutefois à ses conseils un certain nombre de vétérans, qui ont droit de remontrance. Ainsi, lorsqu'une vieille masure fait entendre les craquements suprêmes, le chef prête l'oreille, se recueille, et, par un cri aigu de détresse, il appelle son conseil des Dix. On délibère, on discute, on reconnaît qu'il y a peril à demeure, et qu'il faut partir, sans attendre le lendemain. Il doit donc être admis que ces animaux se sont ainsi parlé, dans une langue inconnue : — *Voilà une maison qui va s'écrouler ; ses ruines vont écraser nos femmes et nos enfants. Émigrons.*

Simonide fut préservé par les dieux de la chute d'une vieille maison : les rats sont plus intelligents que cet illustre Grec. Ils n'ont pas besoin d'être avertis par les dieux : ils s'avertissent eux-mêmes, et ne se trompent jamais.

La nuit venue, le chef pousse un cri lugubre; c'est le tocsin. Toutes les familles se resserrent avec effroi.

Personne ne fait la moindre observation; aucun esprit fort n'intervient. Le chef a dit : Partons! Cela suffit; le chef est infaillible. Des éclaireurs sont envoyés pour voir s'il n'y pas trop de chats sur la route... l'armée avance avec précaution. Les grands veillent sur les petits. Il est défendu de butiner; tout maraudeur est puni de mort. On suit les bas-fonds humides, abhorrés des chats; enfin, les éclaireurs découvrent un soupirail de cave, et flairent aux environs l'odeur d'une grasse cuisine, d'une grange, d'une brasserie, d'une caserne ou d'un pensionnat. Le chef arrive, ouvre ses oreilles et ses narines, et dit : — L'endroit est bon. Aussitôt la caravane se glisse, sans bruit, dans ce nouveau domicile souterrain, et les ravages commencent tout de suite, mais avec précaution. Les premiers jours, il faut se méfier de l'inconnu : tel est le précepte du rat.

Il est bien entendu que je parle ici du rat géant, et non de ce petit animal qui rôde souvent dans les chambres à coucher, en l'absence des chats.

Le rat de cette grande espèce est un animal terrible; il craint les chats pour ses enfants, jamais pour lui. De son côté, le chat, dans sa perspicacité féline, respecte ce rat, et semble ne pas se douter de son existence; il lui en coûterait trop de s'avouer qu'il le craint. Cette retenue, des deux parts, amène quelquefois de singuliers résultats dans les localités où abondent ces deux espèces ennemies. Les rats et les chats, reconnaissant qu'il y aurait folie à se livrer bataille, sous prétexte d'hostilité traditionnelle, abjurent leurs instincts, et s'accordent une trêve perpétuelle. On les voit manger au même charnier et boire au même ruisseau; mais ils n'échangent entre eux aucun regard : ils sont censés ne pas se voir; de cette manière, ils ne violent pas les lois de la nature, qui les obligent à se battre à la première rencontre. Sage leçon qu'ils donnent aux hommes batailleurs! — Que gagnerions-nous à ces combats stupides? pensent ces animaux ennemis; des coups de dents! des coups de griffes! et pourquoi? Nous ne pouvons pas nous manger après notre mort; à quoi bon alors s'entretuer ou s'écorcher la peau? Notre instinct est absurde, notre raison vaut mieux.

Cependant, lorsqu'il s'agit de détruire un chat dangereux et peu raisonnable, ou accusé d'avoir levé une griffe perfide sur l'innocence, les rats ne balancent jamais. On forme alors une coalition de cave; les plus braves sont choisis; des espions excercés observent les habitudes de l'ennemi; un rapport est adressé au chef. Le chat criminel rôde d'habitude dans un endroit désigné. L'embuscade est à son poste. On attend avec cette patience sage qui caractérise les animaux; on ne brusque rien, on ne remue pas. Le chat vient, sans défiance, faire sa maraude accoutumée; vingt museaux, armés de dents fines, se précipitent sur lui, comme vingt poignards vivants; un miaulement court et hurlé retentit dans le souterrain; le chat bondit, escalade le mur, fait grincer ses griffes sur la voûte, pour s'y cramponner, retombe lourdement au milieu de ses ennemis, et, n'espérant plus se sauver par la fuite, et voyant la seule étroite issue du souterrain gardée par de féroces sentinelles, il engage, seul contre tous, un combat héroïque, digne d'une épopée égyptienne. Les rats, qui ont une tactique merveilleuse en toute chose, ont divisé leur petite armée en deux corps : l'un se bat, pendant que l'autre reprend haleine à l'écart; de sorte que le chat est toujours assailli par des troupes fraîches; et, après une ardente lutte de plusieurs heures, ayant épuisé ses forces et sa respiration, mordu aux quatre pattes, ravagé dans sa fourrure, raccourci dans sa queue, borgne, boiteux, découragé, il s'affaisse un instant, comme pour prendre une pose de sphinx, et cet instant est décisif; la troupe des rats donne à la fois et exécute une charge complète; le chat disparaît sous une masse compacte et ondoyante, comme un canot sous une vague sombre; il ne reparaîtra plus vivant à la surface, et, au lever du jour, quand le sommelier descendra dans le souterrain, il ne trouvera que le cadavre du vaincu, égorgé par des meurtriers invisibles, qui ont pris la fuite après le crime, pour se soustraire à la vindicte des lois.

La légende allemande de la *Tour des rats* célèbre une bataille bien autrement formidable. Il ne s'agit plus ici d'un chat, mais d'un malheureux voyageur tombé par une nuit sombre, dans une embuscade de rats. L'armée des assaillants, il faut le dire avant tout, était innombrable; depuis l'invasion de Xercès on n'avait rien vu de pareil. Le voyageur, étourdiment tombé au milieu de ces vagues vivantes, sentit ses cheveux se hérisser, et, secouant avec vigueur d'horribles grappes de rats déjà collées à ses jambes, il prit la fuite, et l'effroi lui donna une extrême agilité. Mais les rats courent comme des lièvres, et plus vite encore quand la colère les anime. Le voyageur remercia le hasard qui lui montra le Rhin, et une petite île très-voisine du rivage : c'était une chance inespérée de salut; il se jeta bravement à la nage, croyant sans doute que les rats ont horreur de l'eau comme les chats. Bien au contraire, ces deux espèces ont des organisations opposées, et c'est précisément ce qui les met dans un antagonisme perpétuel et proverbial. Le voyageur n'en crut pas ses oreilles, lorsqu'il entendit résonner l'eau du fleuve sous une masse effrayante d'immondes nageurs; il sentait leurs souffles à ses talons, et se voyait menacé d'être dévoré vivant en pleine eau. La petite île du Rhin n'était plus éloignée que d'une largeur de trois bras; il fit un suprême effort, et atteignit la grève. Une vieille tour s'élevait au bord de l'île, et ses ruines servaient d'escalier pour arriver au sommet ; ce refuge offrait une dernière chance de salut. Le voyageur escalada cette pyramide de pierres vermoulues, et parvenu à une certaine hauteur, il s'arrêta pour respirer, ne croyant plus être poursuivi, et regarda du côté du fleuve. Ce qu'il vit était affreux. Une pâle éclaircie tombée des étoiles donnait à ce tableau quelque chose de plus sinistre encore : cela ressemblait à une lugubre plaisanterie de l'enfer. Le sable blanc du rivage avait disparu sous une couche noire et mouvante, et à chaque instant une nouvelle compagnie de nageurs sortait du Rhin, et se mêlait au gros de l'armée. On entendait, par intervalle, de petits cris aigus, comme si des chefs subalternes eussent répété un ordre du général. Le pauvre voyageur écoutait et regardait avec des oreilles glacées, et des yeux vitrés par la terreur. Tout à coup, l'immense colonne fait un mouvement d'attaque, escalade la tour et la couvre de spirales énormes ; il était donc évident que les terribles animaux n'avaient pas perdu la piste de leur victime, et qu'ils allaient la prendre dans un assaut général. L'infortuné voyageur continua de monter jusqu'au sommet de la tour, n'ayant pas d'autre ressource, et il se percha, en stylite, sur la dernière pierre, dans l'espoir, sans doute, d'être pris pour une statue qui couronne un monument, comme on en voit à la cathédrale de Strasbourg. Les rats ne commettent pas de ces erreurs, même à minuit. Ils s'élevaient toujours, comme une marée montante, et ces vagues noires, remuées par une intelligence, avaient quelque chose d'intolérable, même au regard du plus intrépide. Il y a des objets si antipathiques à l'œil qu'ils sont effrayants, et glacent les veines du cœur, même en l'absence du péril ; et il y avait ici les deux choses réunies : antipathie révoltante et péril affreux. Alors, le courage est nul, la lutte impossible; l'homme menacé ressent une langueur mortelle, comme dans un rêve étouffant, et ses pieds raidis ne lui servent plus de soutien, le froid les a pétrifiés. Bientôt la tour en ruines disparut tout à fait sous une épaisse enveloppe d'assiégeants immondes; les étoiles éclairaient une pyramide de rats, surmontée par un homme. Le malheureux vit l'épouvantable marée vivante arriver à ses pieds, avec des ondulations sinistres; il se donna vainement un reste d'énergie, pour repousser la première vague; des milliers de morsures le saignèrent à la fois, et le firent chanceler sur son piédestal; puis, il tomba, plutôt terrassé par la peur que par l'ennemi, et son corps roula dans une large crevasse de ruines, où il ne laissa, dit-on, que son squelette, tant était nombreuse et dévorante l'armée qui avait envahi la vieille tour du Rhin.

Ces exemples sont rares dans l'histoire des rats, car ces animaux ne se coalisent pas contre l'homme; il faut qu'ils éprouvent un besoin raisonné de vengeance pour se porter à ces extrémités terribles. Ils ont cela de commun avec les éléphants, animaux pacifiques et inoffensifs, mais si redoutables quand leur justice est provoquée. La colonie d'éléphants qui, depuis Adam, habite les bois et les vallons de Williakarma, en Afrique, avait toujours vécu en bonne intelligence avec la tribu sauvage qui habite l'île du lac des Makidas. Un jour, la soif de l'or ayant pénétré dans cette île vierge, un sauvage se fit chasseur d'ivoire pour commencer un commerce avec les Européens de la baie d'Agoa. Un éléphant fut tué et dépouillé de ses défenses. Aussitôt, tous les colosses africains, justement révoltés de cette action atroce, marchèrent sur la colonie, traversèrent le lac, et fauchèrent, à coups de trompe, toutes les huttes des Makidas. La légende allemande de la Tour des rats a omis, sans doute, un chapitre important : le voyageur dévoré sur les ruines était coupable de quelque méfait, commis envers toute une peuplade inoffensive. Le sentiment de la justice est écrit dans le cœur des animaux intelligents, et il y reste toujours gravé; l'homme se l'efface quelquefois.

De ces hauteurs épiques, nous descendrons aux accidents ordinaires de la vie des rats; c'est là que leur intelligence brille et confond l'observateur. Un de nos amis, naturaliste amateur, m'a fait assister à des expériences fort curieuses. Nous étions favorisés par le voisinage d'une brasserie, dont les caves étaient le quartier-général d'une armée de rats. Ces animaux, malgré leur bon sens rare, ont des passions excessives de convoitise, et ne ressemblent plus à l'antique rat d'Horace, toujours content de peu, *contentus parvo;* les rats se sont civilisés en vivant sous l'homme. Or, ceux que je viens de mettre en scène, ne se contentant point du large festin offert par une brasserie hospitalière, tournaient leur ambition vers le mur d'une cuisine contiguë, remplie de provoquantes exhalaisons. Il s'agissait de faire une brèche ; le rat est ingénieur de naissance; il percerait un bastion d'Anvers, si la Hollande y avait entassé tous ses fromages. Voici comment procèdent ces animaux, pour s'introduire dans une place forte ou une cuisine. Ils se rangent sur une ligne; le premier, ou le chef, attaque l'épiderme du mur avec ses dents, comme nous ferions avec un villebrequin, et, après avoir enlevé sa portion de plâtre, de brique ou de moellon, il cède la place au second, qui la cède au troisième, ainsi de suite jusqu'au dernier. Chacun fait son œuvre, à tâche égale; les vieillards seuls ne participent qu'au bénéfice de la curée; ils se tiennent à l'écart, pendant les opérations du siége, et donnent des conseils si des obstacles surviennent. La brèche faite, le chef se dévoue pour explorer la localité envahie, et s'assurer si aucun péril ne menace son peuple; il examine chaque chose en détail, et les reliefs de comestibles surtout; plusieurs observateurs pensent, et je suis du nombre, que le chef choisit des auxiliaires de confiance, et nomme quelquefois une commission de notables pour l'aider dans cette inspection délicate, qui engage si fortement sa responsabilité. Le signal de l'invasion est ensuite donné par un petit cri joyeux, semblable à celui que fait entendre un magister lorsqu'il lance ses élèves dans l'enclos de la récréation. A ce signal toute l'armée entre en bon ordre, et commence une orgie gastronomique, dont le festin de Trimalcion donne une faible idée. Le festin dure toute la nuit, et dans les plus profondes ténèbres. La subtilité des odorats fonctionne comme une seconde vue. Les hommes seuls ont besoin du jour pour y voir clair.

Dans cette cuisine, voisine de la brasserie, mon ami le naturaliste aligna, sur la corniche du manteau de la cheminée, douze tomates, dont six très-habilement empoisonnées; les bonnes alternaient avec les mauvaises. Le lendemain, nous trouvâmes six tomates, les mauvaises. Orfila n'aurait pas mieux fait. Ce résultat nous démontra clairement que les tomates avaient été soumises à un examen de toxicologie; les experts avaient dit : Voilà douze tomates suspectes, dans leur alignement trop régulier; les hommes sont souvent bêtes, quand ils dressent des piéges; ces tomates n'étaient pas là hier soir; il y a un mystère là-dessous. Sondons ce mystère dans l'intérêt de l'hygiène publique.

Ayant sondé le mystère, les experts ont indubitablement ajouté ceci dans leur rapport : Six de ces tomates sont pures ; les six autres renferment du poison. Le poison est une substance qui glace le sang et tue. Que personne ne touche à ces fruits; ils renferment la mort !

Et personne n'a touché aux six tomates perfides. Ce résultat est effrayant : les réflexions qu'il fait naître en foule confondent l'esprit. Si c'est l'instinct, et non l'intelligence raisonnée, qui éloigne les rats des nourritures vénéneuses, il faut convenir que la nature a, pour ces êtres hideux et malfaisants, des complaisances bien singulières. Elle a refusé cet instinct conservateur à ces innombrables familles de pauvres paysans, qui tous les ans, en automne, s'empoisonnent avec de faux oronges, cueillis dans les bois. Décidément, comme dit Jean-Baptiste Rousseau, l'instinct qui conduit les animaux serait-il supérieur à la raison qui égare les hommes. Ce serait désolant !

Une expérience d'un autre genre a été faite en ma présence, et celle-ci prouve que les rats ont le génie de la logique et de l'invention. Le castor du Canada, qui bâtit en se servant de sa queue comme d'une truelle, n'est pas étonnant, parce qu'il fait et refait toujours la même chose, comme le premier castor. L'animal étonnant est celui qui, un beau jour, dans une circonstance imprévue, s'éloigne de ses instincts de race et de ses traditions de famille, et invente quelque procédé ingénieux pour se tirer d'un mauvais pas. L'oiseau qui jette des pierres, pour boire dans un vase dont l'eau est trop profonde, fait une chose qui n'est pas dans les habitudes de sa race, et il étonne l'observateur. L'abeille qui découvre un colimaçon dans sa ruche de verre, le tue et l'ensevelit sous une couche de cire, pour prévenir la putréfaction, fait une chose exceptionnelle qui nous étonne beaucoup aussi. L'invention n'est pas donnée par l'instinct, mais par le raisonnement logique.

On entendait, depuis quelques heures, un petit

bruit continu, qui venait du pied d'une cloison, dans une cuisine de salle basse. Il était impossible de se méprendre sur la nature de ce bruit : une dent fine et rongeuse ouvrait une brèche. Le soir venu, le bruit était si rapproché, si distinct, qu'une invasion paraissait imminente. Un très-mince épiderme de plâtre séparait à peine en ce moment la cave de la cuisine, et un ébranlement imperceptible indiquait déjà le point précis où l'issue de communication allait s'arrondir. Devant ce point, on plaça une énorme souricière, avec ses appâts provocateurs; sa large ouverture devait encadrer la brèche, à la chute des derniers grains de maçonnerie. Cela fait, on sortit; on ferma la cuisine, pour laisser les événements s'accomplir dans le silence et l'obscurité.

Le lendemain, la cuisine offrait en diminutif l'image d'une ville prise d'assaut. Tout avait été bouleversé, ravagé, mis au pillage. La souricière était toujours placée devant le mur; on l'examina, elle était vide. La brèche avait été largement ouverte, mais fermée ensuite avec beaucoup de soin. A un mètre plus loin, une autre brèche avait été pratiquée dans la nuit; c'est par celle-là que l'invasion avait eu lieu.

Il y avait tout un mystère inexplicable au fond d'une chose si simple en apparence. On comprenait très-bien que les rats, apercevant une énorme souricière devant leur brèche, avaient renoncé à pénétrer dans la cuisine par un côté si dangereux, et que leurs efforts de mineurs s'étaient tout de suite tournés sur un autre point, pour ne pas renvoyer leur orgie à la nuit suivante; mais pourquoi, dans leur empressement qui devait absorber toutes leurs pensées d'invasion, avaient-ils cru devoir perdre un temps précieux et infini à fermer hermétiquement la première brèche ouverte devant la souricière? Un hasard heureux servit à expliquer ce mystère, au moment où nous désespérions de trouver quelque chose de satisfaisant. Cette cuisine de salle basse, abandonnée depuis longtemps, recevait par son soupirail la poussière que le vent soulevait sur la route où s'élevait la brasserie. Les rats avaient laissé sur cette nappe unie une multitude de vestiges de pattes, croisés et mêlés confusément; mais, en un certain endroit plus éloigné du centre de l'orgie, les vestiges, étant plus rares, devenaient plus distincts, et attestaient que la jeune et innocente progéniture des rats avait suivi les grands parents dans cette expédition nocturne. Il y avait donc une foule d'enfants inexpérimentés au milieu de tant de pères instruits aux choses de la vie. Or, voici ce qui était arrivé. La brèche ouverte, les vétérans aperçurent la souricière perfide, et ils sourirent de pitié, en se faisant une triste idée de l'intelligence humaine. Comment, pensèrent ces vieux rats narquois, comment notre ennemi, l'homme, peut-il s'imaginer que nous allons tomber étourdiment dans un piége aussi stupide? une souricière! Ah! il y a bien longtemps que nous connaissons ces grossières machines et leur morceau de lard! Nous ne mettrons pas le pied sur cette trappe, et l'homme en sera pour ses frais de préparatifs maladroits.

Après avoir ainsi déploré la stérilité d'invention qui règne dans le cerveau de l'homme, les rats, ne voyant plus dans cette énorme souricière qu'un obstacle au passage, et non un piége dangereux, résolurent de percer le mur et de faire brèche sur un autre point, car ils pensèrent bien que l'homme n'avait pas aligné des souricières sur toute la longueur du mur. Les dents rongeuses se mirent donc avec ardeur à l'œuvre, et l'autre trou fut fait entre deux soleils, comme disent les ingénieurs d'un siége. Tout à coup les vétérans se ravisèrent, et les mères émues se dirent avec un juste effroi : — Oui, nous connaissons très-bien les souricières, nous, et nous nous en moquons comme d'un chat empaillé ; mais nos pauvres petits, mais Alfred, Arthur, Anatole, Charles, ne les connaissent pas comme nous ; ils font l'école buissonnière à la queue de l'armée ; ce sont des traînards étourdis, et quand ils arriveront devant la première brèche ouverte, ils s'y jetteront sottement, et la souricière les dévorera ! Évitons une catastrophe qui plongerait dans le deuil tant de familles. Inventons.

Ce cri maternel fut entendu, et c'est alors que les vétérans eurent l'admirable idée de fermer avec soin la première brèche, sans avoir égard au temps perdu, le salut des pauvres petits l'emportant sur toute autre considération. S'il n'y avait eu, dans l'armée d'expédition, que de vieux routiers, on aurait jugé inutile de barricader le premier trou. Quand cette sage précaution eut été prise, il n'y avait plus de danger pour l'innocence ; on pouvait se livrer à toute la joie de la saturnale nocturne, sans la troubler par un souci.

Le fait est là, dans toute son évidence, et justifie le raisonnement que nous mettons dans la pensée, dans les signes, et peut-être dans la parole de ces animaux.

Maintenant, de ces petits détails d'observation, passons à une chose effrayante, qui donnera une terreur rétrospective à tous les Parisiens nerveux. Paris, cette capitale de la civilisation, du luxe et des arts, a échappé par miracle à une invasion générale de rats. Si la police eût prolongé son sommeil quelques années encore, c'en était fait de cette capitale, qui a triomphé de l'invasion des Huns, des Normands et des cosaques du Don. Entre la barrière du faubourg Saint-Martin et Belleville, aux portes mêmes de Paris, on trouvait l'ignoble charnier de Montfaucon. Attila campait à nos portes ! des millions de rats énormes, dont les aïeux florissaient sous Louis XI, avaient établi leur quartier-général à Montfaucon, et aucune force humaine ne semblait pouvoir chasser ces innombrables assiégeants d'un repaire dont ils étaient les légitimes possesseurs, grâce à la loi de la prescription emphytéotique, ce bail naturel consacré par le temps. Sous Louis-Philippe, le mal était arrivé à son comble, et la légalité constitutionnelle balançait. Les nouvelles devenaient chaque jour plus alarmantes. Le faubourg Saint-Martin se mettait sous la protection des chats, comme un faubourg égyptien de Memphis; Belleville craignait de devenir le Ratopolis de la fable. Ces deux localités faisaient des pétitions à la Chambre des députés, le samedi ; la Chambre répondait, comme la fable :

> Prend-on cette assemblée
> Pour conseil tenu par les chats?

Et on passait à l'ordre du jour. Bien plus, les rapports de police annonçaient qu'une horrible et formidable alliance venait d'être contractée entre les armées de Montfaucon et des fossés de Vincennes, autre quartier-général d'innombrables rats des champs. On avait surpris des émissaires sur la chaussée de Saint-Mandé. Enfin une troisième armée, campée dans les canaux souterrains de Paris, entretenait aussi des intelligences avec Vincennes et Montfaucon. Pas un jour de plus ne devait être perdu. Nous allions devenir tous, non pas cosaques, mais rats, ce qui eût été le comble de la dé- décadence et de l'humiliation ! Heureusement, la Chambre ne fut pas consultée; la police assuma sur sa tête toute la responsabilité de l'acte, et en paya les frais. Une nuit, des escouades libératrices partirent de la rue de Jérusalem, et marchèrent sur Montfaucon. On cerna le quartier-général ; on bourra de poudre à canon toutes les issues ; on établit toutes sortes de machines incendiaires sur la vaste étendue du charnier, et, au signal donné, on mit la mèche allumée sur le volcan. La suprême nuit d'Ilium n'a rien vu de pareil! Homère, qui a chanté le combat des rats et des grenouilles, pourrait seul décrire cette immense destruction. Tout périt; tout fut brûlé, asphyxié. Le quartier-général fut changé en sépulcre, et Paris respira... Aujourd'hui, lorsque, par une belle soirée de printemps, le rentier du faubourg Saint-Martin va cueillir des lilas à Romainville, il traverse une plaine désolée, inculte, sauvage, comme le désert de Ninive et de Babylone; c'est le champ où fut Moutfaucon; et le rentier se réjouit dans son cœur. Cependant la leçon ne doit pas être perdue pour l'avenir. La nature a voulu que ces animaux eussent l'exorbitant privilége de se multiplier à l'infini, et de réparer ainsi leurs pertes en peu de temps. A cette heure, Montfaucon peut-être n'est que déplacé, il n'est pas détruit. La sagesse des Égyptiens doit nous instruire : ils voyaient dans les rats la huitième plaie de leur pays, après les sauterelles, et pour entretenir chez les peuples cette crainte salutaire, ils avaient élevé les chats au rang des dieux.

FIN DE L'HISTOIRE NATURELLE.

LA POPULARITÉ

Dans les arts, l'œuvre la plus parfaite doit être celle que tout le monde connaît, l'œuvre universelle, l'œuvre répétée par toutes les bouches, retenue par toutes les mémoires, aimée par les jeunes gens, les jeunes filles, les femmes, les enfants et les vieillards.

Quelles œuvres placerons-nous dans cette catégorie de popularité universelle?

Les Adieux d'Hector à Andromaque, ou Priam demandant le corps d'Hector au fils de Thétis? Non.

Autrefois, dans les fêtes de Pan, ces deux chants étaient dits par des rhapsodes; mais aujourd'hui, les Grecs d'Othon les ont oubliés. A l'exception de quelques érudits, non savants, personne ne connaît ces chants divins.

Nisus et Euryale, les Amours de Didon, les Géorgiques, les Bucoliques, c'est-à-dire tout ce que le cœur, l'esprit, le sentiment, la langue ont créé de plus beau, de plus noble, de plus suave, de plus émouvant, de plus mélodieux, ne peuvent aussi être rangés dans cette catégorie. On apprend au collège à les oublier. Les grands prix du concours général n'en savent même pas un vers au bout de cinq ans. A l'Académie française, sauf deux ou trois membres, égarés par étourderie sous un dôme plat, tous les autres ne citeraient pas un distique virgilien, et s'ils le citaient ils le comprendraient peu.

Moïse, David et Salomon, ces trois pères éternels de la grande poésie biblique, ont-ils pris beaucoup de place dans la mémoire des hommes? Beaucoup de gens savent-ils par cœur quelques passages traduits de ces trois sublimes poètes? De son temps, La Fontaine demandait à tout le monde s'il avait lu Baruch, et tout le monde lui répondait : Non. Cette ignorance a progressé depuis.

Prométhée, l'Orestie, Antigone, Alceste, ces quatre prodigieuses créations grecques, qui résument tous les grands sentiments de l'âme humaine et de l'humanité éternelle, courent-elles les rues comme l'esprit qui ne les court pas? Je n'ose me prononcer. Quelqu'un est-il plus hardi que moi?

Dans la poésie moderne, beaucoup de contemporains savent par cœur des centaines de vers de Victor Hugo et de Lamartine; mais ces deux grands poètes sont-ils populaires dans le sens le plus étendu du mot? Douze millions de Français au moins, tous jouissant de leurs droits civils, ne citeraient pas deux vers des *Voix intérieures*, des *Feuilles d'automne*, des *Harmonies* et des *Méditations*.

Dans le domaine de la musique, à l'exception des habitués du Conservatoire et de quelques centaines de musiciens, personne ne chanterait quatre mesures de la symphonie *héroïque*, de la symphonie en *ut mineur* et de la *pastorale*. Personne ne fredonnerait dix notes de l'*Adelaida*. Sans la glorieuse résurrection du *Moïse* de Rossini, éternel honneur de l'intelligent directeur de l'Opéra, toute notre génération ne connaîtrait pas cette merveille biblique ensevelie en 1828 dans les catacombes de la rue Lepelletier par les fossoyeurs du contre-point.

Zampa d'Hérold est-il bien connu? Avez-vous entendu beaucoup chanter : *Toi, dont la grâce séduisante?* ou *Pourquoi pleurer?* ces deux admirables expansions de mélancolie amoureuse et de sentiment passionné? La rue est vierge de toutes les mélodies d'Hérold.

Grâce à Duprez, une faible partie de la garde nationale a un peu connu *Guillaume Tell*. Vingt Parisiens connaissent *la Gazza, le Siége de Corinthe* et *Semiramide*.

Eh bien! un beau matin, il y a très-longtemps, il y a deux siècles au moins, un monsieur inconnu se lève et dit :

>   Au clair de la lune,
>   Mon ami Pierrot,
>   Prête-moi ta plume
>   Pour écrire un mot.
>   Ma chandelle est morte,
>   Je n'ai plus de feu,
>   Ouvre-moi ta porte
>   Pour l'amour de Dieu.

La femme de ce monsieur écoute, et dit : « Cela n'a pas l'ombre du sens commun. Tu fais rimer *lune* et *plume;* tu demandes qu'on ouvre une porte pour emprunter une plume, pour écrire un mot, et pour l'amour de Dieu; où diable, mon ami, as-tu pris toutes ces niaiseries? Garde-toi bien de les chanter en public, on te croirait fou. Il y en a dans Charenton qui tiennent des discours plus sensés. »

Le monsieur inconnu n'écouta pas sa femme; il

chanta cette stupidité en public ; elle fit fortune, tout le monde la répéta en chœur, ce fut une épidémie d'enthousiasme. On la traduisit en toutes les langues ; les pères et mères l'enseignèrent à leurs enfants au berceau ; elle traversa les siècles, et l'Antechrist la chantera au dernier quartier de la dernière lune du jugement dernier.

Un autre monsieur, enhardi par ce succès universel, se met à improviser cette chose inqualifiable :

> Malbrough s'en va-t-en guerre,
> Mironton ton ton mirontaine,
> Etc. etc.

Sa femme croit que le compositeur poète a perdu la raison, et les voisins accourent ; le monsieur leur chante *Malbrough* : on crie au miracle, on couronne l'auteur, on chante *Mironton*, on s'en transmet des copies, les mères bercent leurs enfants avec cette mélodie enchanteresse... *Mon ami Pierrot* a une sœur. La mémoire de l'univers s'ouvre et recueille soigneusement ces deux bijoux. En voilà deux qui passeront à l'Antechrist.

Un troisième monsieur inconnu chante en se levant :

> Le bon roi Dagobert
> Mettait, etc.

Oh ! pour le coup, une troisième femme sensée se jette aux genoux de l'auteur, et le supplie de brûler ces huit couplets qui lui paraissent le chef-d'œuvre de la stupidité humaine. On ne brûle rien par amour-propre d'auteur ; on connaît son public. Il y aura trois chansons éternelles dans le répertoire de l'Antechrist.

Allons, poètes et musiciens de génie, faites des chefs-d'œuvre, jamais vous n'atteindrez la cinq cent millionnième partie du succès de *Mon ami Pierrot*, de *Malbrough* et du roi *Dagobert !*... Prenez la peine d'être Homère, Eschyle, Virgile, Sophocle ou Rossini, après cela!

FIN DE LA POPULARITÉ.

LA PUNITION

La première fois que je passai à Nogent, la diligence, paresseuse entre toutes les diligences de la rue Notre-Dame-des-Victoires, s'arrêta devant l'auberge du *Sauvage*. Trois jeunes filles mal vêtues se présentèrent à la portière, et nous offrirent des gâteaux pétrifiés et des fruits fossiles, pour notre déjeuner. Je fus étonné, non pas de ces gâteaux et de ces fruits, mais du nez des jeunes filles. Je fis part de ma remarque au conducteur, qui, pour toute réponse, me dit :

— Monsieur, ce sont trois sœurs.

Nous entrâmes au *Sauvage* pour faire une de ces parodies de dîner, qu'on fait à table d'hôte, avec un potage d'eau bourbeuse, des poulets de carton et des biscuits de Reims à l'épreuve des dents. Une jeune fille nous servit quelque chose de granitique et noir qu'on appelle du pain dans le Nord. Cette autre fille avait un nez comme les trois dont j'ai parlé.

Je fis la même remarque au conducteur, lequel me dit :

— C'est la quatrième sœur.

Les deux réponses concises et mystérieuses du conducteur charmèrent les ennuis de ma route jusqu'à Paris. Je tâchai de me les expliquer comme des hiéroglyphes d'Égypte, ou des rébus de bonbons. Mais je ne les compris pas plus que Champollion n'a compris les rébus de Castelmuro, de Pharaon et de Putiphar.

La seconde fois que je passai à Nogent, nous faillîmes dîner au *Grand-Empereur*, mais nous nous contentâmes de regarder des plats sur une table pendant trois quarts-d'heure, et de rogner le bout de nos serviettes. Au dessert, qu'on ne nous servit pas, deux jeunes filles vinrent demander à chaque convive à jeun trois francs dix sous pour son jeûne. Je remarquai ces filles de l'auberge du *Grand-Empereur ;* elles avaient des nez absolument de même forme que les filles du *Sauvage*. Je fis part de mon observation au conducteur, qui me répondit :

— Ce sont deux sœurs.

Cela me fit penser deux heures dans mon coin du numéro 3 ; j'aurais même prolongé mes réflexions sur les six nez des jeunes filles de Nogent ; mais le postillon qui était ivre, selon l'usage, nous versa dans un précipice de dix mètres au dessous du niveau de la mer ; heureusement nous étions assurés pour la vie au bureau d'assurances générales, place de la Bourse, numéro 3, à Paris.

Cet incident me fit oublier les six nez. Je ne songeai qu'à remercier mon ange gardien, le meilleur et le plus économique des assureurs.

La troisième fois que je passai à Nogent, c'était un dimanche. Nous étions en été, ce qui est rare dans le Nord. Avant de faire le semblant de déjeuner à l'auberge de *l'Écu-de-France*, je fus me promener sur la place de l'église, où la jeunesse nogentoise des deux sexes se livrait au plaisir de la danse devant un tonneau surmonté d'un violon faux.

Je jetai un rapide coup d'œil sur le personnel complet des jeunes danseurs de Nogent, et quelle fut ma surprise en voyant que toutes ces paysannes avaient des nez comme leurs compatriotes, de *l'Écu-de-France*, du *Sauvage* et du *Grand-Empereur!*

Et encore, lorsque je dis des *nez*, je me trompe et je puis tromper mes lecteurs. Il n'y a pas plus de nez que sur la main. Toutes les jeunes filles de Nogent sont remarquables par l'absence de leurs nez. Notez bien que je constate un fait; que je ne médis pas des nez de ce village : je respecte les absents.

Vous ne sauriez dire tous les soucis d'imagination que ce phénomène local m'a donnés. Le jour, je ne rêvais que de Nogent; la nuit, je ne voyais en songe que des contredanses de nez absents. Je ne savais où me réfugier pour donner un peu de calme à mes esprits.

A Paris, je consultais les sages qui sont fous, et les savants qui ne savent rien.

M. Népomucène Fichard tenait bureau de consultations pour les énigmes indevinables, rue du Sphinx, n° 100. Je le consultai; il me fit déposer un napoléon de quarante francs sous un chandelier, et me dit que la même chose était arrivée avant Jésus-Christ : à telles enseignes qu'un village fondé par Cadmus fut détruit par Scipion Nasica.

Et le savant mit dans sa bourse le napoléon et me salua.

M. Jomard, cet infatigable voyageur, qui a parcouru tout notre globe sur la mappemonde, me dit que le cas des nez de Nogent était renouvelé des Grecs; et que Nogent comme Porosos, village du Péloponèse, avait une atmosphère astringente qui supprimait le nez au berceau.

M. Raoul-Rochette me rit au nez et ne me répondit pas.

Je me cassai le nez sur cette question.

La cinquième fois que je passai à Nogent, je descendis à l'auberge des *Trois-Pigeons*. Il n'y avait que des garçons, et ils avaient tous des nez gigantesques ; ils avaient volé l'autre sexe.

Mais comme j'avais assez de soucis déjà avec les nez absents des filles, je ne voulus pas renchérir sur mes chagrins avec les nez présents des garçons : je passai outre.

Je me promenais mélancoliquement dans la grande rue, qui est fort petite, lorsque la fantaisie me prit d'entrer à l'église pour demander à Dieu une bonne inspiration.

J'avisai à droite une vaste chapelle gothique qui portait cette inscription sur la voussure :

CHASPEL DES ONZES MILLES VIERGE.

Les fautes d'orthographe ne me frappèrent pas ; il ne faut pas chicaner avec les écrivains goths qui ne savaient pas notre français en 1288, avant le dictionnaire de l'Académie rédigé par M. Droz, horloger.

Cette petite chapelle était décorée sur tous ses angles d'une quantité prodigieuse d'énormes têtes de vierges; oh ! il y en avait bien onze cents ! elles faisaient de l'effet pour onze mille. Au reste, en sculpture, un zéro de plus ne compte pas.

Ces onze cents têtes n'avaient point de nez; c'était horrible à voir ! Je tombai la face contre terre à ce spectacle, et je faillis ajouter une tête de plus aux onze cents. Rien n'épouvante comme un visage sans nez ; mais s'il vous en tombe plus de mille de devant les yeux, on est anéanti.

Je donnai onze cents sous au sacristain pour m'expliquer l'absence des onze cents nez : c'était un sou par tête.

Le sacristain prit le ton distrait et l'organe routinier d'un cicerone, et me dit : — Monsieur, le 13 vendémiaire an II, un père de famille de Nogent, qui se nommait Blaise Gridace, et qui était sans-culotte et sans religion, vint avec un marteau et cassa les nez des onze mille vierges, au nombre de onze cents. Le Comité de salut public lui accorda un nez d'honneur. Blaise Gridace est damné ; mais cela n'a pas rendu le nez à notre chapelle, Monsieur.

Quel trait de lumière ! Ah ! m'écriai-je, messieurs les athées, vous venez mutiler ainsi les images saintes ; vous et vos enfants serez punis par où vous aurez péché jusqu'à la septième génération.

« Toutes les jeunes femmes mariées à Nogent depuis le règne de Robespierre venaient s'agenouiller devant la chapelle camarde des onze mille vierges, pour leur demander de beaux enfants ; et voilà comment ce vœu maternel fut ironiquement exaucé, grâce à l'impiété sacrilége du sans-culotte nogentais Blaise Gridace ; les femmes enceintes ne doivent jamais regarder des têtes sans nez.

La sixième fois que je passai à Nogent, je descendis à l'auberge de la *Syrène*. On annonçait que le conseil municipal était rassemblé pour payer au maçon de Nogent les frais d'une réparation urgente de onze cents francs. Le conseil municipal délibérait depuis quinze jours, et le président se couvrait, en signe de détresse, tous les soirs.

Le conseil municipal voulait économiser quinze francs aux contribuables, me dit-on, parce que la mission des nez avait découvert que quinze nez avaient échappé au marteau du sans-culotte Blaise Gridace.

— Quoi! m'écriai-je, on a restauré les nez des onze cent onze mille vierges!

— Sans doute, me répondit l'aubergiste, mais on a restauré un peu tard, malheureusement pour mes filles. Enfin, mieux vaut tard que jamais. On a alloué au maçon un franc par nez restauré; mais le conseil municipal veut en retenir quinze; le maçon va porter l'affaire au conseil d'État. Cette affaire fera du bruit.

Je courus à l'église, et ma joie fut extrême en voyant les onze cents nez remontés en plâtre blanc au visage des onze mille vierges. J'augurai bien de l'avenir des nez nogentois.

La septième fois que je passai à Nogent, je débarquai à l'auberge du *Lion-d'Or*. La femme de l'aubergiste était sur sa porte, allaitant une jeune fille. Je remarquai avec plaisir que l'enfant avait un nez superbe pour son âge, et de question, j'appris de la mère que, depuis la restauration de la chapelle, Nogent ne pouvait que se glorifier de ses nouveaux-nés, calembour à part, bien entendu; car le sujet est trop grave pour plaisanter, à Nogent.

Depuis cette époque, je n'ai plus traversé Nogent, et j'ai écrit cette histoire pour donner une leçon sévère aux ravageurs de toutes les époques, aux Cambyse, aux Blaise Gridace, qui cassent les nez des sphinx en Égypte, et les nez des statues à Nogent. En révolution, quelle que soit notre opinion, ne plaisantons jamais avec les nez : cela retombe sur la face de nos enfants, filles ou garçons.

P.-S. Le conseil d'État a délibéré sur cette importante affaire, et il a accordé au maçon sept nez-et-demi. Le maçon va plaider en cassation pour les nez restants.

FIN DE LA PUNITION.

Clichy. — Impr. Maurice Loignon et Cie, rue du Bac-d'Asnières, 12.

Bibliothèque à 1 franc le volume

VOLUMES PARUS :

CLÉMENCE ROBERT.
Les quatre Sergents de la Rochelle............ 1 vol.
Mandrin................ 1 vol.
La duchesse de Chevreuse. 1 vol.
Le Poëte de la Reine...... 1 vol.

MÉRY.
Héva.................. 1 vol.
Un Mariage de Paris...... 1 vol.
Le Bonnet vert........... 1 vol.
La comtesse Hortensia.... 1 vol.
Un Amour dans l'avenir... 1 vol.
La Guerre de Nizam...... 1 vol.
Le Dernier Fantôme...... 1 vol.
Les Deux Amazones...... 1 vol.
La Juive au Vatican...... 2 vol.
Saint-Pierre de Rome..... 1 vol.
Le Transporté........... 1 vol.
Un Carnaval de Paris..... 1 vol.

ÉLIE BERTHET.
La Mine d'or............ 1 vol.

EMMANUEL GONZALÈS.
Les Frères de la Côte..... 1 vol.
Ésaü le lépreux.......... 1 vol.
Le Prince noir........... 1 vol.
Les deux Favorites....... 1 vol.
La Table d'or............ 1 vol.

MOLÉ GENTILHOMME.
Les Demoiselles de Nesle. 1 vol.

M. DE SAINT-GEORGES.
L'Espion du grand monde. 2 vol.
Un Mariage de prince..... 1 vol.

HENRI DE KOCK.
Les petits Chiens de ces Dames................. 1 vol.

S. LAPOINTE.
Les Contes de Savinien Lapointe............... 1 vol.

CAMILLE BODIN.
Mémoires d'un Confesseur. 1 vol.
Anaïs.................. 1 vol.

ANCELOT.
Une Fortune mystérieuse. 1 vol.

CH. LISKENNE.
Lettres à Palmyre sur l'Astronomie.............. 1 vol.

G. DE LA LANDELLE.
Les Épaulettes d'amiral.... 1 vol.

PAUL FÉVAL.
Le Loup blanc........... 1 vol.
Fontaine aux Perles...... 1 vol.

FRANCIS TOURTE.
Bouquet de Bruyères (chansonnettes)............. 1 vol.

PAUL DE KOCK.
L'Amant de la Lune...... 1 vol.

LÉON GOZLAN.
Le Fou .... 1 vol.

ANTONY RÉNAL.
La Robe rouge........... 1 vol.

ALEX. FOURGEAUD.
Le Christ d'ivoire........ 1 vol.

DE BRAGELONNE.
Les Mystères des Prisons. 1 vol.

CHAM.
Albums à 2 fr. le vol.
Ces bons Chinois.
Les Charges parisiennes.
La Géométrie.
Les Faribolles.
Courses et Chasses.
Souvenirs comiques de 1858.
Nouvelles Croquades.
Saison des Eaux.
L'Age d'argent.
La Bourse illustrée.
Bal masqué.
Nouvelles Pochades.

Œuvres de Chateaubriand................................ 20 vol.

Le même éditeur s'est rendu acquéreur des Dessins et Articles de l'Ancienne Maison AUBERT, et il publie tous les ans une série d'Albums de Salons, de Caricatures et de Livres nouveaux pour Étrennes.

www.ingramcontent.com/pod-product-compliance
Lightning Source LLC
Chambersburg PA
CBHW051919160426
43198CB00012B/1953